心理臨床学のコア

山中康裕

学術選書 013
心の宇宙 3

KYOTO UNIVERSITY PRESS

京都大学学術出版会

口絵1●箱庭の一例。クライエントは幼稚園以来、学校など社会場面では一度も口を開いたことが無いと、担任教師からの紹介状を携えて母親と一緒にやってきた小学校2年生、8歳。診断は場面かん黙で、箱庭と絵画による全12回の治療により3年半にわたったかん黙の固い殻が開き、以後、すっかり元気になった。この箱庭は2回目の治療のときに作った〈二群の動物の戦い〉。象と象、鰐と鰐、牛と牛などが二群に分れて戦い、全ての動物が死に絶えたかに見えたとき、最初に置いた一頭の象がむっくりと起き上がり、動物たちを再生させていった(132–141頁参照)。

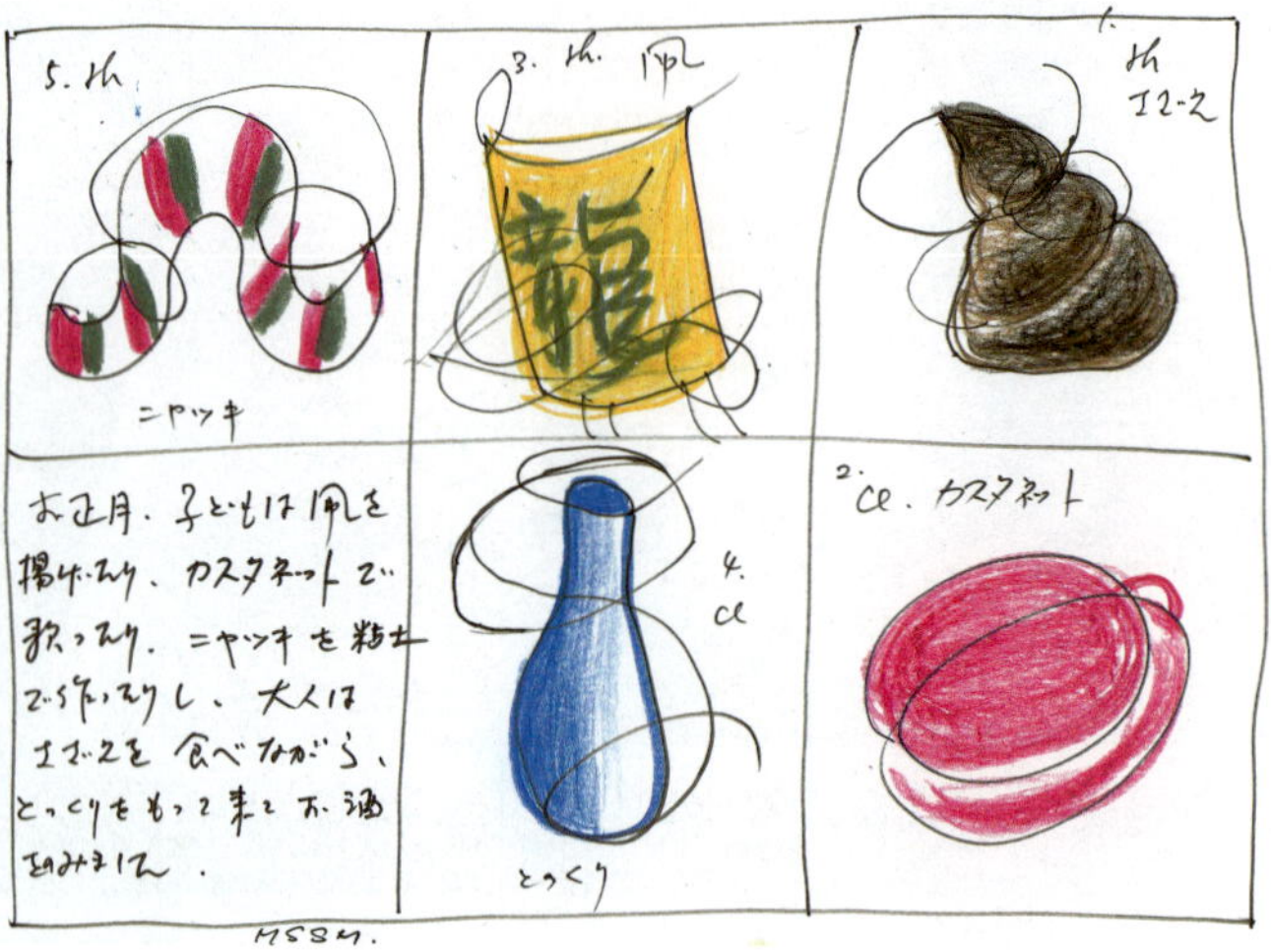

口絵2●交互ぐるぐる描き・物語統合（MSSM）法の一例。対人恐怖が根底にある不登校のため、中学2年のとき以来治療を続けている女性と筆者が、××年1月16日に共同で作成したもの。MSSM法では、まず一方がぐるぐると線を描き、もう一方がそこに見えてきた形を言って色を塗る。そしてこれを交互に繰り返し、最後に出てきたものすべてを登場させて、クライエントが物語を作る。このとき女性が作った物語は現実にもありそうなお正月風景で、対人恐怖的な症状がまだ残っていただけに、この現実感覚が大切に思われた（186頁参照）。

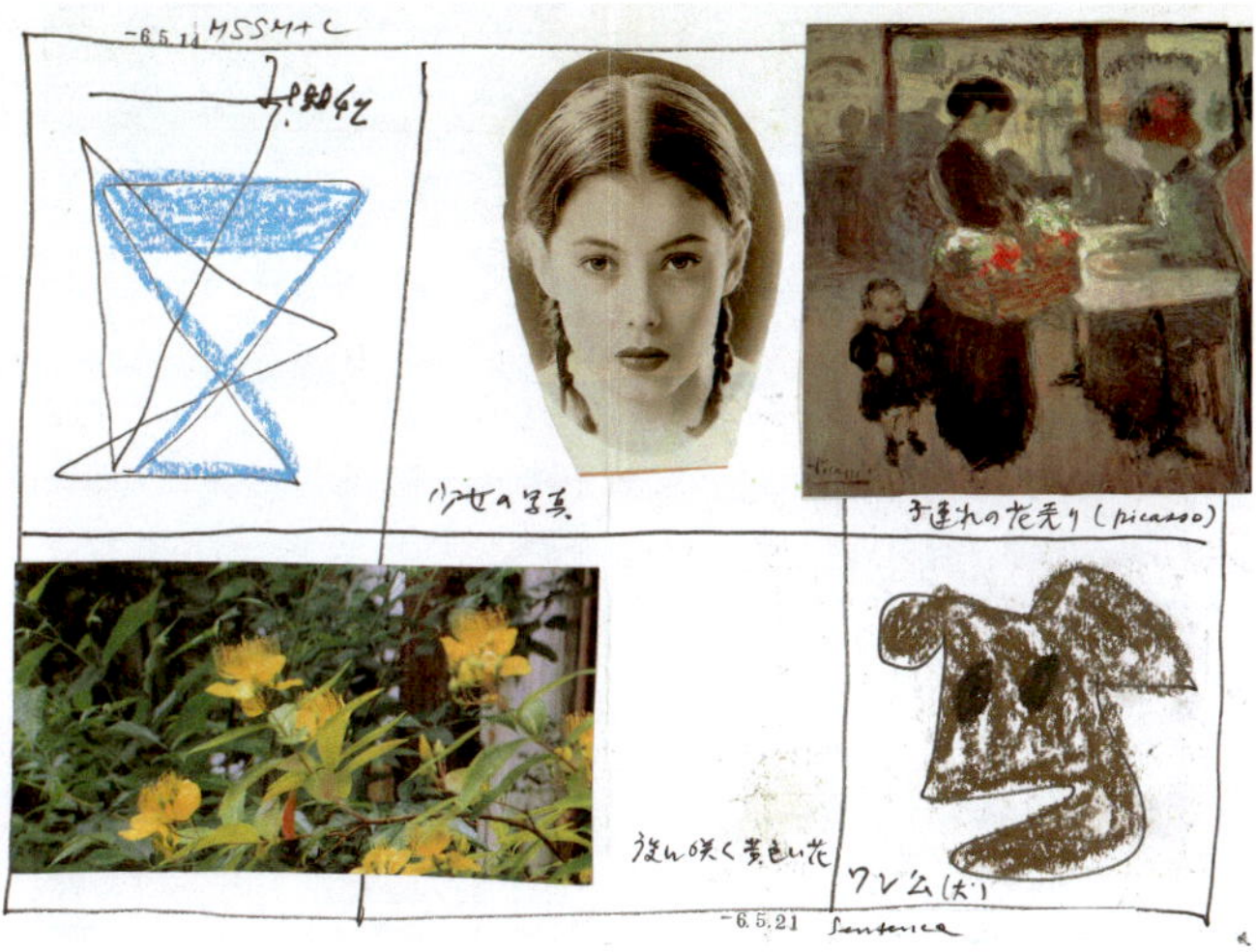

口絵3●コラージュを加味したMSSM法（MSSM＋C）の一例。クライエントはある年、自殺企図でビルの屋上から飛び降り両脛骨骨折で外科に入院し、筆者の所に紹介されてきた中年女性で、診断は神経症性うつ状態だった。彼女はMSSM＋Cをいたく好み、これをもとに自宅で小説を書いてくるまでになった。これは××年5月14日の作品で、同5月21日には小説を持参した（188–193頁参照）。

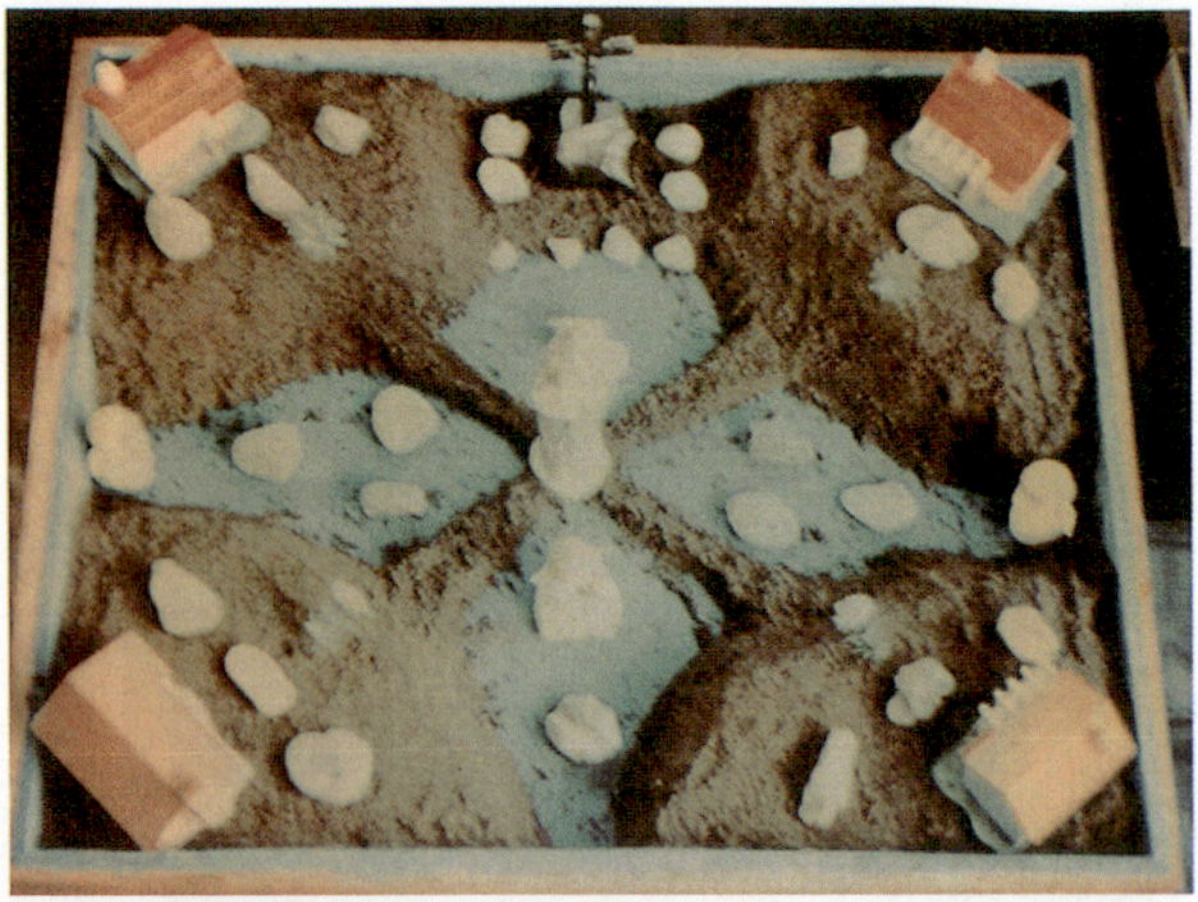

口絵4 ●臨床場面ではマンダラを思わせるような図像がしばしば登場する。上は、神経症性登校拒否の男子、17 歳が、治癒への展開点で作った箱庭のマンダラ（208 頁参照）。下は統合失調症男子、23 歳が、シューブ（急性再燃）を脱却して、精神の平衡を取り戻した際に描いた〈柔らかい時計マンダラ〉（209 頁参照）。

序

本書は、京都大学学術出版会が刊行を開始した「学術選書」の心理学関係の第三冊目である。筆者は本出版会の理事を数年間していたが、文部科学省肝煎りのＣＯＥ（center of excellence）プログラムによる機運が開けて、本学内の多領域の心理学関係者が一堂に会することとなった。

さて、本学術出版会は、これまでにも、藤澤令夫、佐藤文隆、坂上孝先生ら歴代の理事長はじめ幾多の先達の多大なご努力によって、多数の貴重な学術書の出版に寄与してきたことは言をまたないが、たとえば、西洋古典叢書のごとき、洛陽の紙価をたかからしめ、かつ、ぼちぼちながらも確実に購買されているものもいくつかはあれど、大局的にみると、経済的にはいつも窮境に切迫するなかでの運営状況であり、本学術出版会を維持していくのに、つねに各出版物の補助金を当てにせねばならぬ運命にあって、いつもそれに汲々とせざるをえぬ状況がある。それには、出版会編集部の裏方の涙ぐましい努力があるのだが、そうした中から、たとえば、東京大学出版会のUP選書などのごとき、会の定期出版物だけで、きちんとこれを維持していくことを可能とするいくつかのアイデアが切望されてきた。今回、その打開策の一環として企画されたのが、本シリーズなのである。

京都大学においては、通常われわれが「PSI」という略称で呼んでいる、学内のいくつかの研究科・研究所・施設・学部等に跨がっている、心理学関係すべての講座・研究室間の、統一的な連絡会議が、もう三〇年以上にわたって、毎月もたれて来ているが、筆者もこの会議に二〇〇五年の春、退職するまでずっと四半世紀にわたって参加してきた。幸いにして、そこにおいて企画したプランが、二〇〇二年度からはじまった文部科学省のCOEに採用され、その俎上で活動し得る素地ができていた。今回、このPSIにおいて、本シリーズの企画案を提案したところ、大方の賛同をえられたので、筆者が中心となって、本シリーズの企画を立て、当学術出版会の理事会に提出し、そのご承認を得て、ついに日の目をみることが可能となった。

さて、翻って、本書の内容は、二〇〇三年度の京都大学全学開講科目として、総合人間学部棟の大教室において行った「心理臨床学概論」の講義内容を骨子としているが、幸い学生たちには連日満員の盛況で、久しく待望されての出版となった。嬉しい限りである。願わくば、本書も好評をもって迎えられんことを祈るばかりである。

心理臨床学のコア◉目　次

心理臨床学のコア

第1章……心理臨床学の創設　心理臨床行為とは何か

——精神科医の立場から考える

筆者はこれまでの心理臨床および精神科臨床の四〇年間の集大成として、心理臨床学の創設を考えている。ここでは、そのささやかな前提として、心理臨床行為とは何かについて考察する。

1　時代の先端を行く

王様と役人と、神職や法師、医師、売春婦は古代からある職業と言われる。いや、それより前から、猟人や漁師、農夫があったはずだし、中世からは、武士、商人や、職人、つまり、大工や、左官屋、道具職人などが加わったに違いない。時代が下るにしたがって、商人もだんだん分化して、酒屋や米屋や反物屋やらと、増えていっただろう。さらに、近世に至れば、専門分化はさらにきめ細かくなって、建具師、表具師、仏具師、小間物師、金物師、宿屋、飯屋、床屋などと増えてき、さらに近代に至って、弁護士、教師、建築家、炭鉱夫、機関士などと、時代の波にのった新しい職業が現れてくる。その上、現代では、たとえば医療の分野一つをとっても、昔だったら医師と看護師だけですんだのが、薬剤師が分業し、さらに、CW（ケアワーカー、ケースワーカー）、PSW（精神保健福祉士）、あるいはST（言語聴覚士）からOT（作業療法士）といった具合に、いわゆるパラメディカル・スタッフ（医師以外の医療従事者）は、詳しく聞かなければよく内容すら分からない横文字の略号で呼ばれる職種すら出て来て、今やとどまることをしらない。

そういう中で、今一番時代の先端をいっている職業の一つが、「臨床心理士」であるといわれる。テレビでも、火曜サスペンス劇場とかで、坂口良子が演じていたのがそれだった。専門知識の確かさもさることながら、優しさと、毅然とした強さを示して、好評であった。また、作家の松岡圭祐が書いた小説『カウンセラー』の嵯峨俊也は、いくぶん理想化されすぎて、ややかっこよすぎるが、やはり、臨床心理士であった。

私の勤務した京都大学大学院教育学研究科の心理臨床学教室も、この臨床心理士の養成機関の一つでもあるが、平成一六年四月から、従来ある博士課程とは別個に、指導者養成コースの博士後期課程もできて、さらに拍車がかかっている。全国から、博士前期課程（修士課程）を目指して、おびただしい希望者が殺到してくるので、嬉しい悲鳴をあげていいものやら、このところ大変に困惑しているのが現状である。しかるにこの職業は、いまだ、国家資格とはなっていないのだ。同種の花形職種の一つ、「家裁調査官」が立派な国家資格なのに、である。

さて、そこで昨今、国が考えていると言われる心理臨床の国家資格「医療保健心理士」なるものも、この線上でのものであり、従来のいわゆる病院臨床のCP（クリニカル・サイコロジスト）の延長上に位置するものとの把え方なのであろう。しかし、これには問題点がありすぎる。

2　認定協会の設立

私どもは、昭和六四（一九八九）年の日本臨床心理士資格認定協会の設立当初、心理学系の一六の学会が連携して作った学会連合で組織した資格認定協会の認定した「臨床心理士」の資格をそのまま、国家資格にスライドすべきだ、との基本的な考えをもっている。それは、以下のごとき確固とした理由があるのであって、これは単なる「名称」の違いや、政治的主張などにとどまらず、「国民のこころの健康をいかに守っていくのか」についてのきわめて重要な根本問題なのであるという認識がある。

3 こころの専門家

約二〇年ほど前、当時の厚生省は、高校卒業後三年の基礎資格で、「医療保健心理士」の資格を出すつもりであったらしい。今では、若干私どもの考えをも盛り込んで、大卒の基礎資格で国家資格を出そうとの考えには変わってきているが、それでも私どもは、それに対して簡単には首を縦にふらない。つまり、現在の、財団法人日本臨床心理士資格認定協会が出している資格と同等の、すなわち大学院修士課程修了後一年の臨床実習を基礎とすべきだと主張しているのである。それは、ちょうど医師が、医学部六年卒を基礎に免許を出し、以後、有給で二年の臨床研修を課しているのとほぼ同列の考え方の線上に立脚している。

つまり、「からだ」の医学の基礎を習得するのに六年かかるのと同様、「こころ」の臨床の基礎を習得するのにも、やはり最低六年が必要だと考えているのだ。つまり、現在の厚生労働省の言うような、医師の従属なり、その補完としての、安直な補助資格などではなく、一個の独立した職種として、はっきりとそのアイデンティティを主張しているのである。それはなぜかと言えば、医師は確かに、「からだ」に関しては専門家であり、「からだ」に関する医療に関する限り、あらゆる職種の頂点に立って当然であるが、だからといって、「こころ」の問題でも同様にそうだということにはならないからなのである。

4 精神医学の現況

医師のなかの精神科医が、「こころ」の専門家ではないのか、という議論があろう。かくいう筆者自身も、その精神科医の一人であり、現今の日本の精神医学の現状がいかなる位置にあるかを、よく知悉しているがゆえにこそ、この議論を展開していることを知ってほしい。

つまり、今のわが国の実情を言えば、全国に八〇の医学部、医科大学があるが、医学部六年間で、精神医学の専門授業にさかれる時間はせいぜい三〇時間にすぎず、しかも、そのほとんどが、生物学的精神医学や精神薬理学、精神生理学にさかれていて、「こころ」の真の治療に関わる精神療法や、患者の心理状態の心理学的基礎知識に充てられる時間は多くて数時間、ひどいところではほんの二、三時間がせいぜいといったところがほとんどなのである。しかも、その後の、専門医としての彼ら精神科医を訓練するべき大学の精神科医局にしてからが、やはり、全国八〇大学ある中で、精神療法を専門にする教授はその一割にも満たない、という状況なのだ。かつて、私は、こころの医療に関しての、この実にひどい現状を打開するために、今ある各医局、つまり、各大学の精神医学教室に、生物学的精神医学を講ずる教授とは別個に、さらに一人ずつ、精神療法を専門とする医師を配属するように提唱したことがあった（文献109）が、その実現は、ここ数年以内の段階ではとても無理であろう。

無論、だからといって、現在の段階での精神科医には、こころの専門家はいないのか、と言えば、そんなことはない。上記のような現状においても、たとえば、慶応大学や慈恵医科大学などは、精神分析学や森田療法などの研鑽を重ね、この一〇〇年、わが国に、こころの専門家を送り出してきたし、かつて、東北大学、東京大学、名古屋大学、名古屋市立大学、神戸大学、信州大学、九州大学などにおいて、そして現在では、東京医科大学、獨協医科大学、東海大学、福岡医科大学、川崎医科大学、広島大学など数校で、やはり地道な努力を重ねておられることを知ってはいる。しかし、上に述べたように、これらの努力が、全国すべての大学に及ばねばならないのだ。

5　心理臨床行為

「こころ」の問題を扱うには、それ専門の学習と経験とが要求される。ことに、もっとも中核的な、人と人との「関係性」や、それに伴う種々の「心理現象」を、きっちりと、専門家として扱うことができるまでには、基礎学問としての、心理学や心理臨床学や精神医学の習得が必要であり、その実践経験が必要である。方法としての、「心理療法」の知識や技術ももちろんのことであるが、本書ではそこら辺りを説くのが趣旨ではないので、そうした方面をお知りになりたい向きには、各種参考書をご参照願うことにして、ここでは、もっぱら、「心理臨床行為」とは何か、を追究することに専心したい。

医行為との対比

医師のすることとは、すべて「医行為」であり、そこに含まれるものは、すべて他を専一的に排除できる、というわけにはいかない。ここでは、「医行為」とは明らかに一線を画した、「心理臨床行為」とは何か、を追求し、かつ、明確に提唱したいと思う。

さて、日本臨床心理士資格認定協会の定める臨床心理士の業務には、(1)臨床心理査定、(2)臨床心理面接・心理療法、(3)臨床心理的地域援助、(4)それらの調査・研究というように、四つの業務がある。以下に、少しく詳しく述べていく。

(1)臨床心理査定

臨床心理査定は、こころの問題を扱うにあたって、まず、その手初めに、見立て（医学では診断といっているもの）や援助の方針を立てるために行うことがもっとも普通であるが、ある種の展開があったあと、その進行状況や、進展具合を見定める、あるいは、その終結にあたって、今後の方針を見定める、などのために行われるものでもある。手段としては、各種心理テストや面接法、観察法など種々の技法を用いて、それを客観的に査定することをいい、いわば、従来の臨床心理士の主たる仕事はこれであった。

心理テストとしては、人格診断、知能、精神機能、大脳機能、痴呆程度などといった、各用途に応じて、各種のテストが開発されており、その要求の度合いやレベルに応じて、いろんな用いられ方があるし、各テストそれぞれに、その基礎理論や、施行方法、解読技術や経験が要求される。これを、「心理臨床行為」の一つにあげることは、なんら問題ないであろう。

(2)臨床心理面接・心理療法

「面接」などというものは、誰にでも行えるものであって、それが、専門的な「心理臨床行為」などというふうにいったい特殊化されうるものか否か、との疑問がただちに湧くのではないか？　しかし、それが、そもそも、問題の入り口であり、かつ、問題の核心なのである。

まず、医師の場合を考えてみよう。無論、ここでは対象がこころの問題であるので、身体を対象とする内科や外科などのことを問題としているのではなく、一般的には、精神科医なり心療内科医なりの場合を想定してみることになるが、以下では精神科医で代表させて考えてみる。

精神科医は、「初診」の段階において何をするのか？　それは、病院なり、診療所なりに連れられて来た患者の、一挙手一投足に気を配り、患者や家族のいうこと、言動、立ち居振る舞いなど、これらすべてを聴取し観察して、もっぱら、「診断」をつけることに専心するのが常道である。そのためには、現在示されている症状や、問題行動が、どの時点から始まったか、それ以前でも、一定程度の、来歴が聴取され、時間軸に応じて、各種、医師からの適切な質問がなされる。それらは、症状そのものに関わることであったり、これまでの来歴や、対人関係やらが、尋問されることが多い。かくして、それらを総合して、「診断」がつけられ、今後の方針が立てられる。診断と方針が定まれば、それにもっとも見合った方法や手段を用いて治療にあたる、というのが、おおよその道筋であり、これらはきわめて理にかなったことであることが、一般にも共有されている。かくして医師は、それに基づいて、薬物を処方したり、精神療法を併用したり、社会的な方法を加味したりするのが普通であろう。

ところが、心理臨床の「面接」は、必ずしもそういう展開をとらないことが多い。無論、なかには、医師の診断と見立て、に準じた面接をする人もありえようし、それはそれで、一つの「面接」でもあろうが、ここにおいて、医師の面接法とは一八〇度異なった面接が展開することの方が多いのである。つまり、「クライエントが話す、その話に同行する」かたちで、面接を進める場合をここで考えてみよう。

ここでは、クライエントが主体であり、クライエントが話したいことを、話したい順序で話すのであり、心理臨床家は、もっぱら、これを「聴く」のである。つまり、前者だと、診断がつくまでは、つねにセラピスト側が優位にたって、あるいは、診断者が主導して、面接の「話題」が選ばれていくことが多いが、後者では、その主体は、あくまで、クライエントその人に委ねられる。ここで問われているのは、聴く人つまり、セラピストの診断力や、洞察力なのではなくて、クライエントその人が、「あ、この人は、本当に自分の話を聞いてくれる人だな」という感触をもてるか否か、なのである。

筆者の場合、さらにすすめて、クライエントに、次回も来てみよう、ここにきちんと通ったら、何とか解決の道が見いだせるかもしれない、という気持ちが出てくるか否か、が問われているのだと言いたい。かくして、それを皮切りに、この種の「面接」が進行していって、クライエントは、自らの力で、自らの問題を解き、立ち直っていくのである。

この種の「面接」の技術は、いわゆる、一般にいわれる「面接」とは相当に異なっている。つまり、話の方向を決めたり、その深さや広さ、その展開のスピードや、その揺らぎや、振れや、紆余曲折したり、迂回したり、単刀直入に急展開したり、というように、話の内容に関しても、その時間的空間的進行や広がりに関しても、それらを決めるのは、もっぱら話者その人なのであって、聞く側ではないことが、典型的に違っているのである。

これは、いわば、きわめて専門的な、「聴く」技術なのであり、「聞く」技術でもあって、他のいかなる「面接」とも区別されるものである。われわれは、この種の「面接」をこそ、「臨床心理行為」

と呼ぶのであることを分かっていただきたいのだ。さて、心理療法ということばがあるが、それこそまさに臨床心理行為においておこなう治療法の最たるものであることが知られるであろう。

(3) 臨床心理的地域援助

ついで、臨床心理的地域援助についてであるが、最近の、臨床心理士のこの領域での活動をあげると、「阪神・淡路大震災のときの心理援助活動」や、「(大阪の) 池田小学校事件」や、「(京都の) 日野小学校事件」などの犯罪被害者への心理援助活動がまずすぐに思い出されるし、ここ数年、文部科学省の肝煎りで続いている「スクール・カウンセラー」による心理援助活動や、「エイズ・カウンセリング」や、「遺伝カウンセリング」「高齢者支援」「子育て支援」など、広範な、臨床心理学的地域援助活動があげられる。

いずれも、学校や、教育研究所、保健所、保育所、病院、診療所などとの緊密な連携をもちながら、専門的な、臨床心理学の知識と経験をいかしているわけで、これらは、やはり、きわめて専門的な、「心理臨床行為」といえるものである。

(4) 臨床心理学的調査・研究

そして、上記、三つの「臨床心理行為」に関わる調査・研究活動そのものが、これまた、立派な、

「心理臨床行為」なのである。それらの調査・研究のメッカの一つが、すなわち、京都大学大学院教育学研究科の、心理臨床学、臨床心理実践学、臨床実践指導学の三つの講座なのである。

6 心理臨床のコア

最近、筆者が考えていることで、これこそがまさに「臨床心理行為」の中核にくるべきことであり、心理臨床家はまさにこのことをこそしているのだ、というのがある。ここでは、端的に、そのことに触れておきたい。

医学は、人間の「悩み」を軽減したり、あわよくば、これを無くしていこう、との目的をもって進んできた感がある。いわば、それは、CURE（キュア）をモットーとしてきたと言ってよいのではないか？　それに対して、看護学は、患者の「悩み」に寄り添い、手をかざし（看の字は手をかざして相手をしっかり見るという字なのだ）、手をあて、手をかし、さらに、臨終を「看取」ってきた。つまり、一貫して、CARE（ケア）を施してきた感がある。

今や、末期癌の患者さんや膠原病の患者さんや、エイズや老人性痴呆の患者さん、あるいは、一部の統合失調症の患者さんなど、従来の医学の概念で言う、「治癒」（CURE）をもたらすのが至難のものが増えてきている。その際でも、CAREは可能であり、中井久夫が説くように、いかなる患者さんも、「看護できない患者はいない」（文献48）。

ところで、筆者は、ここにおいて、心理臨床家は何ができるか、何をせねばならないか、の問を立てたとき、人間のCORE（コア）に関わることをしているのだ、と考えるようになった。CURE、CARE、COREと、まるで英語の母音変化で語呂合わせみたいに思われる向きもあるやに思われるが、筆者は、こうしたキャッチ・フレーズ的なコピー用語も必要ではないか、と思うのである。

ここで、COREの内実を少しく説明しておくことにしたい。

COREとは、ラテン語で「心臓」をあらわすことばであるが、COREは、英語で、そのまま、核心、中核、根幹といった意味がある。日本語の「核心」には、ラテン語本来の意味の「心臓」も入っていて、しかも、その「核」つまり、「もっとも大切なもの」「こころ」の意味を内包している。

心理臨床家は、医師のように、手術を加えたり、薬物を与えたり、あるいは単に手を触れたりすることによって、患者の患部を取り去ったり、痛みを軽減したり、無くしたり、機能を回復させたりといったように、からだのCUREに積極的に関与するのではなく、また、看護師さんたちのごとく、看取り手を触れて積極的にCAREに関わるのでもなく、もっぱら、「彼らの語る言葉に耳をたて、聞き入る」という、一見パッシヴなスタンスをとるか、また、言葉のない類いの人々に対しては、しっかりと寄り添って、かれらの「生」の根源にある「尊厳」を守り、かれらの「実存」に徹底的に「こころのエネルギー」を送り続けることによって、言葉のあるなしいずれの場合も、彼らの「COREに関わる」のである。

かくのごとく、筆者は、心理臨床家の中核的な仕事、つまり、「心理臨床行為」は、人々の「CORE に関わる」ことなのだ、と公言したい。

7 精神科医からみた心理臨床行為

以上、大変に簡単ではあるが、精神科医からみた、「心理臨床行為」についての、若干の私見を述べて来た。

無論、「心理臨床行為」の及ぶ範囲は、なにも医療領域のみに限ったものではなく、教育、司法、福祉、産業などの幾多の領域において必要とされているし、職業選択、結婚、離婚、死別、人生いかに生くべきか、など、人間が人間であることに纏わるあらゆる領域において、「心理臨床行為」が必要とされている。単に、医療のみに限定して、「医療保健心理士」なるものを安直につくるのでなく、こうしたすべての領域に汎用できる資格をこそ追求すべきことが、上記の拙論から伝われば、望外の喜びである。無論、これですべてを尽くした、などとはまったく考えていない。たとえば、上記の、「面接」を論ずるにあたって、フロイトの見いだした「転移」の概念から始まって、当今問題となっている「関係性」に至る、この領域での幾多の知見や洞察について一言も触れえていない。現在、日本心理臨床学会を始めとして、幾多の専門学会において、ここら辺りの学問的追究が真摯になされているのである。筆者はまたまた、精神科医からの発言として、以前に、「精神科医の立場から望まれる臨床心理士」という論文を上梓したこともある（文献101）。本稿と併せてご参照願えれば、小生がこの領域において、どんなことを考えているのか、より詳しくご了解いただけるであろう。

8 求められる国家資格とは

今から約一三〇年前のわが国の明治政府は、ドイツを中心に、ヨーロッパから医学を取り入れ、外科、内科、婦人科、精神科などといった各専門分野にとらわれることなく、当時すでに分化していた歯科医師のみを除いたすべての分野に汎用される「医師」免許を確立したのと同様、「臨床心理士」においても、その後の専門分化は、あとの専門家養成段階に任せて、真に国民の「こころ」の健康を守りうる、心理臨床全領域に汎用しうる「臨床心理士」の国家資格をこそ求めるべきであろうと考えるものである。

第2章 こころの定点観測
──子どもたちの「窓」から眺めた子どもたちのこころと世界の変化

1 こころの定点観測

作家であり同時に精神科医でもある、わが敬愛する、なだいなださんから、二〇世紀最後の年末に、「こころの定点観測」という標題で本を書くので参加しないか、というお誘いをいただいた。お聞きするなり、「これはいいタイトルだ」と思った。なぜなら、日頃筆者が日常の臨床で採っている方法が、そのままこの企画にそっくり寄与できそうだと思ったからである（文献41）。

筆者の方法というのは、ほかでもない。筆者自身が、この三〇年このかた、「窓」という名をつけて用いていているものである。それは、以下に述べる一群の子どもたちの、わずかに世界とのコミュニケーションをとっている狭い窓口の総称で、私はそれに、「窓」と名付けてきたのだった（文献82）。いわば、私はその「窓」から子どもたちを眺めてきたのだったが、これを客観的に見れば、「定点観測」そのものだったからである。

さて、くだんの一群の子どもたちというのは、三〇年も前なら学校恐怖症と呼ばれ、そののち、登校拒否と呼ばれたり、登校強迫と呼んだりしているうちに、いつの間にか、不登校といういかにも当たり前の、病理的色彩が消えた分はいいとしても、何ら取り柄も色気もない、ごく一般的な名称で呼ばれている一群の子どもたちのことである。筆者は、これらの不登校の子どもたちと、この三〇年間関わってきているが、彼らの「窓」を覗くことから、この三〇年間の、子どもたちをめぐる世界の変化と、子どもたちのこころの中で起こっている変化とが見えて来た。

2 「内閉論」

私は、この不登校の子どもたちの治療理論に、「内閉論」という名をつけた（文献45）。しかも、これを英文にしたときの用意にと、「ザ・セオリー・オブ・セクルージョン」（The Theory of Seclusion）という英訳までつけている。先に触れた「窓」というのも、れっきとした方法論で、これには、

「ウィンドウ（window）」ではなく、「チャンネル（channel）」という英訳を与えている。

さて、「内閉論」というのは、彼ら不登校児たちが学校へ行かないで、「もっぱら閉じこもっている」在り方を、保護者や学校教師たち一般にとられているような、「負の方向」ではなく、「正の方向」でとらえようとしていることにこそ大切な眼目があるのである。つまり、彼らが学校へ行かないのには、それだけの理由があるのであり、むりやり何が何でも、学校へ連れ出し、連れ戻すのが是だ、という方向性をとらず、ひとまず、彼らの「閉じこもり」をよし、とするところから始まるのである。

すなわち、私の考えでは、彼らが学校へ行かないのは、いろいろと外的事情や外的理由もあろうが、ひとまず、彼らの内部にも、それなりの理由があるからだ、とするのである。その理由とは、彼らが彼らの内部で、しておかねばならないことがある、と見るのである。無論、その本当のところは分からないのだが、とりあえず、たとえば、彼らが、「自分」を成すのに必要な何か、を作り上げるのに、何か足りない、と感じている、としよう。その「何か足りない」として、立ち止まった姿が、外的に見ると、「不登校」なのだ、と見るのである。

つまり、みんなと一緒に学校へ行って、普通に外的生活に適応していたのでは、なかなか、内部の、彼ら本来の「こころ」が欲しているエネルギーが回ってこないので、ひとまず、外界に回るエネルギーをストップさせて、つまりこれを外から見れば、学校にも行かずに家の中でぶらぶらしている、となるわけだが、このもっぱら、内界にエネルギーが向かった姿を、私は、「内閉」と呼んだのだった。

仮定に仮定を重ねても、どうしようもないので、仮定はここらでおかねばならないが、精神科医でもあり、また、臨床心理士でもある本来の私が考えていることを、ここに明らかにしておくと、私は、この、こころが内界で必要としていること、というのを、とても大切なことだと考えている。つまり、そこをしっかりと押さえないで、ただ外界に適応しているだけ、の「偽自己」だと、あとあと、大変に困った事態が招来される。つまり、精神病理学的にいえば、統合失調症だとか、境界例だとか強迫神経症だとかいった、現今問題とされている、幾多の重症のこころの病気にかかるまえに、未然にこれらを防いで、もっぱら、立ち止まっている姿なのだと、見立てたのであった。つまり、不登校それ自体は、病気でもなければ、ましてや怠惰なのでもなく、それらより重篤な事態に陥る前での、彼らなりの対処の仕方なのである。

3 方法論としての「窓」

さて、そうした前提をおいて考えれば、私のいう「内閉論」では、彼ら不登校児の、この「もっぱらの閉じこもり」をよし、として、「護る」ことこそ、私のとる方法論となることが理解されよう。

その際、彼らがとる姿を、よく見てみると、一昔前まではたいてい、不登校児らは、「マンガ」や

「ファミコン」や「アニメ」などにかろうじて興味をもっているが、勉強にはいっこうに興味が向かない者が多かった。中には、「釣り」や、「プラモデルづくり」や「自転車やバイク」には興味を示す者もいたし、稀には、吉川英治の「宮本武蔵」や、山岡荘八の「徳川家康」あるいは、私の出会った中での変わり種には、「世界の歴史」や、ドストエフスキーの長編に読み耽る御仁もいた。

彼らの示すマンガへの関心をみてみると、たいていは、「美味《おい》しんぼ」（雁屋哲・花咲アキラ）や、「あさきゆめみし」（大和和紀）、「釣りキチ三平」（矢口高雄）とか、「じゃりん子チエ」（はるき悦巳）とか、「こちら葛飾区亀有公園前派出所」（秋本治）とかの、きわめて趣味的な興味が勝ったものなり、あるいは幾分職業的なきわものないしは、他愛もないギャグマンガだったり、「ぼのぼの」（いがらしみきお）とか、「ちびまるこちゃん」（さくらももこ）や「おじゃる丸」（犬丸りん）、「ブッダとシッタカブッダ」（小泉吉宏）などといった、とってもほのぼのとしたものをこよなく愛好しているか、あるいは「ブラック・ジャック」や「どろろ」（いずれも手塚治虫）などに読み浸り、他にはいっこうに興味すら示さない、といった御仁が多かったのである。

こうしたマンガやファミコンは、親の側からすれば、なんの役にも立たぬ、まさにマンガにすぎなくて、何とかこうした無駄をやめて教科書や参考書の類いに関心が向かってくれないか、というのが人情だろうが、彼らのこうしたマンガへの関心こそ、とっても大切なものなのであり、他に彼らがわずかに示す、「釣り」なり、「自転車」なりへの関心こそ、彼らがわずかに世界に向けている大切な

「窓」なのだと私が見たのにはわけがあるのだ。

たとえば、一つの例であるが、「釣り」に興味をもっていたある中学生は、「釣り」というわずかな「窓」から、次のようなきわめて示唆に富む情報をもたらしてくれた。

「さかな」にも、おなかのすいてるときと、すいていないときがある。

「さかな」にも、エサの好き嫌いがある。

「さかな」の好むエサにも、いろんなヴァリエーションがあって、それは、必ずしも、アジだけではなく、カタチだったり、イロだったりもする。それによって、用いるエサも異なり、また、ルアーが有効だったりもする。

「さかな」のいる位置も、石や岩の蔭やら、草の根元、流れの出合うところ、淀み、澄んだところ、濁ったところ、と、「さかな」の種類や大きさによって微妙に異なる。

「さかな」は、音や光に敏感で、太陽の光の入る角度、影のできる位置、水の温度、時間帯によっても異なる。……

これらは、業界紙や釣り情報誌などからのものもあるにはあろうが、みな彼が、自らの経験から教えてくれたものである。こうした観察から、彼は、それぞれの「さかな」に「個性」があることを学び、結局は、自分自らも、「個性」こそ大切であることに目覚めてゆくのである。

たとえば、ある自転車に興味をもった高校生であるが、彼は、当然ながら初めは普通の家庭用自転車から乗り始めたが、すぐに、一〇段なり一五段なりの変速ギヤのあるもの、タイヤもチェーンも、当然ながら車体もハンドルも、その用途目的によって、細くしたり、太くしたり、深い亀裂のあるものや、浅い溝のもの、大きく湾曲したもの、微妙に角度をつけたものなどと、微妙な変化が必要であることを知っていき、それらを買い集め、自ら工夫して組み立てながら、自らの力で修理も改造もできるようになっていく。そして、自らが作り出したまったく新しい自転車で、自らが計画した、××半島一周計画を遂行するまでになっていく。

マンガだって、あなどらないでほしい。たとえば、先にあげた「あさきゆめみし」なら、これは、何と、あの源氏物語を漫画化したものなのだが、光源氏のこころの移り変わりの有り様のいろんなヴァリエーション、なにゆえ、母に似た面影の人を慕っていくのか、なにゆえ、満たされないこころでさ迷うのかといった恋愛のはじまりから、はては、さしずめ宇治十帖なら、あの世とこの世のさかいにあって、ひたすらこころの人を追い求める薫の心情など、彼らは、マンガの世界をかりてはいるが、ほとんど源氏物語で平安人たちがこころ燃やし、こころ悩んだあの姿を追体験していることをこそ、私は彼らから学んだのだった。

「美味しんぼ」一つをとっても、主人公の、味にかける情熱はなまなかではなく、山野に自生する草木の弁別から、キノコの判別、どこの海でいつ漁れた「さかな」なのか、あるいは、そのさばきをどんな包丁であつかうのか、かくし味一つをとっても、熱のかけ具合、砂糖と塩との配合から、水の差し具合まで、微妙なサジ加減と絶妙な技で、天下の絶品から、大味のものまで、実は一つのスペクトラムの上にきちっと並ぶことが見えてくる…。

「おじゃる丸」というNHKテレビのアニメがあった。これは、時代は現代のものであるが、SFが隠し味に入っている。つまり、主人公のおじゃる丸という人物は、何と平安時代からタイムスリップして現代に飛び込んできた貴族出身の男の子なのだ。ことば遣いが何となく奇妙で、当然平安貴族なので妙にていねいで上品なのだが、子どもっぽくて、かわいらしい。副主人公の電ボというのが無類にかわいいキャラクターなのだが、これは実はロボットなのである。それにテキの三匹の鬼の兄弟が愉快で、そのまわりを取り囲む現代の小学生たちもまたかわいらしい。これはつまり、退行した世界と、進歩した世界の合体で、一昔前にはやった「ドラゴンボール」(鳥山明)の孫悟飯が、何のことはない、「三国志」の焼き直しだったり、「南総里見八犬伝」の焼き直しだったたのに比べれば、さらに他愛がなく、上品なだけ上の部類だと思うのである。

ここで、筆者は、マンガ論をものしようと思って書いているのではない。彼ら学校に行かずに、じっと家の中に籠もっている連中が、もっぱら読み浸っているマンガの二、三を拾い上げたにすぎないのだ。これらから一足飛びに結論を出すわけにはいかないが、要するところ、彼らはこうした他愛もないマンガ世界からにせよ、世界をかいま見ているのであって、むしろ、通常の輩が、やれケイタイだ、それミュールだ、ルーズソックスだ、金髪だ茶髪だといった風に、現代のいわゆる流行の先端に乗っているのに比べれば、幾分どころか相当にアナクロニズム（時代錯誤）に近いものが多く、しかし、それだけかえって、むしろ普遍的な人情や、自然や歴史などにじかに触れているものをこそ、好んでいるとも言えるのである。

4 内閉論の理論的内実

まだ筆者のいう「内閉論」の中核について触れていないので、まず、そちらを明らかにしておきたい。筆者は、こうした彼らが世界に興味、関心を示す窓口を、「窓」と呼んで一括したことは先に触れたが、なにゆえ、この「窓」を内包した彼らの在り方に、「セクルージョン」という名を冠したのか、の説明がまだしてないからである。

ここで、少し回りくどい衒学的な説明が入り込むのをご容赦されたい。「セクルージョン（seclusion）」とは、英語の動詞セクルード（seclude）の名詞化したものである。セクルードとは、「引き離す」「遮断する」「引きこもらせる」「孤立させる」といった意味をもつ。よって、当然ながら、この名詞であるセクルージョンは、「隔離」「遮断」「隠遁」「閑居」といった意味となる。ただし、ここで注意を喚起したいのは、ア・ポリシー・オブ・セクルージョン（a policy of seclusion）と言ったとき、「鎖国政策」というふうに訳される言葉でもあることだ。つまり、日本のあの悪名たかき江戸幕府の「鎖国」を意味するコトバでもある点にこそ注目されたいのである。

筆者が、わざわざ英語に訳した際のためにこのコトバを使った、という点を思い出していただきたい。

実は、筆者の「内閉論」には、そこにこそ本領があった。つまり、これには、単に彼らが「閉じこもる」「引きこもる」という事実以上に、この江戸幕府のとった「鎖国政策」にも意味をとっている点をこそ強調したい。

わざわざ解説せずとも、あの江戸幕府のとった「鎖国政策」に、いかなるイミがあったかは、よく知られた事実であろう。つまり、当時、江戸時代のはじめ頃、イスパニア、ポルトガル列強は、「キリスト教」と「鉄砲」に代表される、「文化」と「モノ」との二つの「危険物」を盾に、日本侵略ないしは、日本との貿易交渉を意図していた。

しかし幕府は、その内政の安定化において、もはやこれ以上の武器の流入を「危険」とみなし、一方のキリスト教も、むしろ幕府が巧妙にしくんだ士農工商の身分制度による二重三重の支配構造をつき崩す、やはり、「危険」思想とみなしたのである。

よって、当然の帰結は、「鎖国」によるそれらの「締め出し」であった。

ところが、一般には、その後、約二二〇年後におとずれる開国の際に、「一〇〇年の遅れをとった」と悪評されるのであるが、私は、この鎖国政策には、むしろプラス評価を与えてもよいと思われることがいくつかある、と思うのである。その一つが、連歌俳諧の道からの「俳句」の独立、河原芝居からの「歌舞伎」の成立、大和絵などからの「浮世絵」の独立、茶道、歌道、武道など、「‥道」一般の洗練など、いわゆる江戸文化、ひいては、現代世界でいうところの「日本文化の粋」の成立と洗練があった、と思うのである。私は、こうして西洋文化を遮断したことによって、むしろ日本独自の文化が花開き、その「アイデンティティ」を持つに至った、とみたいのだ。

その際、幕府のとった巧妙な政策は、長崎の「出島」一港だけは開港して、オランダ中国とだけは交渉を許した点であった。つまり、幕府からすれば、全面開港していたら、けっして水際で防げなかった先の二つの「危険物」を、実に鮮やかに防いでみせ、かつ、そこ一港を睨んでいるだけで、実は、「世界」の動静を微妙に知ることもできたのだった。

私の「内閉論」における、「窓」のことを思い出していただきたい。

私はここにおいて、「国」と「人」をパラレルにおき、「出島」と「窓」とをパラレルにおいたのである。つまり、一国の「文化的アイデンティティ」の成熟と、個人の「人格アイデンティティ」のアナロジーをここにもってきたのだった。

すなわち、彼ら不登校児たちにとって、わずかに世界に開いた「窓」は、江戸幕府にとっての「出島」と見立てたのであった。そこ「一港」を慎重に見守り、慎重に、そこでの世界との交渉をみてゆけば、やがて、一国の、つまり、個人の「アイデンティティ」は成熟してゆくはずである、とみたのである。

5 内閉論の実践

さて、「理論」の方はほぼ説明しきったので、こんどは「実践」の方に移る番であるが、本稿ではそれはいっさい省略して、一気に結論部だけをもってくることにしたい。実は、この実践に関しては、筆者はすでに『少年期の心』（文献82）と題する一書をものしているからである。あそこで、筆者は、当初ほぼ一〇年にわたる臨床実践のなかから一〇例の事例を選んで、彼ら不登校児たちとの付き合いの内実から、彼らがいかにして立ち直っていったかについて、書いたのであった。

すなわち、彼らと、彼らの「窓」をじっくりと護り通すなかで、彼ら自身の力が醸成され、やがては、その「殻」を破って、敢然と「世界」にむかって旅立ってゆく道筋を、一〇例もの事例で、たどったのであった。それは、もう三〇年も前の、一九七八年のことだった。

6 ここ一〇年の子どもたちの変貌

さて、ここまで書いて来て、ことここに極まる、と言うわけにはいかない。つまり、ここ一〇年、彼らの「窓」に異変があらわれていることをこそ、書かねばならないからだ。先に触れたように、ほぼ一〇年前くらいまでは、彼らの「窓」は、何らかの方向には開いていて、つまり、先に書いたように、それは「マンガ」であったり、「アニメ」であったり、「釣り」であったり、「自転車」であったりしたわけだったが、最近、とくに五年くらい前から、その「窓」がまったく開かないものや、あるいは開いていても、まったく「無」にしか開かれていないとでも言うしかないような、あるいは、むしろ、「窓」の向こうに、まったくの「空虚」をしか感じることができないような事例に出会うことしきりなのである。

彼らは異口同音に、「何にも興味なんかわかない」「何も信じられない」「ただ死にたいだけ」と言うだけなのである。

あまつさえ、私どもの面前で、やおらナイフをとりだし、手首を切りつけて、迸る鮮血をみながら、「この血が流れるのをみるときだけが、私の生きてることの唯一の証しなの」と表情も変えずに言う者さえあらわれているのである。

結論を急ぎすぎることは控えねばならないが、もう一つのことにだけ触れておきたい。私は、かつて一般誌『中央公論』誌上や、専門誌『精神療法』誌上で、昨今の一四歳から一七歳少年たちの、おそるべき殺人事件の続発の背後に、彼らの「死」に対する、従来とまったく違った態度や視点を論じたことがある（文献105・110・115）。ここでも、大変に乱暴ではあるが、あのとき私が取り出した結論部分だけを引用すると、

「ここでは、かの神戸連続殺人事件の少年Aのことに絞るが、通常の殺人事件の公判廷でなら、けっしてあのようには意識清明ではありえないのに、加害少年Aは実に理路整然としており、きわめて清明な意識の下で、門に置いた首は、「自分の作品」であったと述べたこと。被害少年Bの「血を飲んだ」のは、「汚れた自分」のみそぎであったこと。こうした殺人においてのみ「こころが動く」ことが明らかになったこと、などは、その方向性において遥かに逸脱した誤った方向性であるけれども、まさに、私の言葉で言うと、通常は深い普遍的無意識の層でしか起こってこない、「創造性」や深い「宗教性」や、まさに「実存性」が、清明な「意識」において起こってきてしまっていることが明らかとなったのだった。この理論的対偶をとれば、つまり、それらのことは、すべての青少年の「無意識」の奥深くに起こってきている由々しい「変化」の兆しではないか」

というものであった。

それと、ここで述べた、彼ら不登校児たちの「窓」から見えてきたこととが、ただちにまったく同

じ問題であると結論することは差し控えたい。しかし、私の目には、この二つの定点観測法からの結論は、どうもとても類似した方向をさしているようにしか見えないのである。

第3章 「内閉論」からみたイニシエーション

1 「イニシエーション」とは何か

「イニシエーション」と言われても一般には、ただカタカナでこう標記されただけでは、よほどこの問題に詳しいか、よほど関心をもった方でないかぎり、すっと心に入ってこないのではなかろうか。そこでまず、「イニシエーション」とは何か、から書き始めることにしたい。

「イニシエーション」とは、無論英語、ドイツ語、フランス語などの印欧語で、たとえば英語ならinitiationと標記されるコトバであるが、これは通常、「入社式」とか、「通過儀礼」あるいは「加入儀礼」などと訳されるものである。

『広辞苑』第四版でこの語、「イニシエーション」を引いてみると、「[社]入社式の2に同じ」(一七一頁)と、実にそっけない。ここにおいて、[社]とはいうまでもなく、「社会学」の用語であることを表している。そこで、同書をさらにひもといて、「入社式」の二番目を見ると、「[社]新しい社会集団への加入や社会範疇への移行に伴って社会的な地位や資格に大きな変化が生ずる際に、社会的な認知のために行われる通過儀礼。年齢集団・秘密結社・宗教集団などへの加入や成人式などの儀礼に代表され、試練や死と再生の象徴などが特徴。」(同、一九六六頁)と説明がある。

そこで、ここに出てくる「通過儀礼」なのだが、これは通常の意味では、「人の一生に経験する、誕生・成年・結婚・死亡などの儀礼習俗」(同、一七〇〇頁)とか、『心理臨床大事典』に「人が生まれてから死ぬまでの一生の間には、さまざまな成長の節目があり、またさまざまな社会的地位変化がある。これらの成長や変化を容易にし、人がある段階から次の段階へ移行することを助ける儀礼——すなわち、誕生祝い、成人式、結婚式、特定集団(会社、宗教等)への加入礼、歳祝、葬式など——を民俗学や社会学ではこうよぶ」(高石恭子、文献66、一〇七七頁)とか記載されているのが理解の参考になろう。

さて、後者の書物において高石は、さらに続けて、以下のように述べる。

「前近代社会においては、こういった儀礼は厳粛に、不可避に行われ、儀礼の繰り返し、すなわち人生そのもの、といってもよいほどの重みをもっていた。ところが近代以降、科学的合理主義の台頭、宗教的世界観の否定などにより、制度や慣習としての深い意義をもった通過儀礼は急速に消滅していったのである。」

また、こうも言う。「近代人が忘れ去った通過儀礼は、皮肉にも未開社会を通して再発見されることになる。民俗学者ファン・ヘネップ（Van Gennep, A.）は、それまで探検家たちが珍奇で野蛮な習俗として報告して来た未開人の個々の通過儀礼に対して、初めて構造的体系化を試み、その後の研究の端緒を開いた。彼によると、通過儀礼（Le Rites de Passage）の目的は、いずれも、「個人を、ある特定のステータスから、別のある特定のステータスへと通過させること」である。目的が等しいゆえに、儀礼の構造にも、①分離、②過渡、③統合、という共通の三段階がみられる。」（同、一〇七八頁）

さらに、高石は、以下のように展開していく。「通過儀礼を、外的形式や構造からではなく、参加者の内的体験や、そこに表れる共通のシンボリズムという観点から研究した代表的な人物は、宗教学者エリアーデ（Eliade, M.）である。民俗学においては、通過儀礼の下位カテゴリーとして、加入礼（initiation ceremony）があげられ、成人式とも区別されているが、内的体験を重視する宗教学や深層心理学者の間では、逆に、イニシエーションという用語が通過儀礼に相当する総括的な概念として用いられている。

エリアーデによれば、広義のイニシエーションとは、「一個の儀礼と口頭教育群（oral teachings）」であり、その目的は、「加入させる人間の宗教的・社会的地位を決定的に変更すること」である。また、宗教上、イニシエーションを、①民俗学で「成人式」、「部族加入式」と呼ばれるところの集団儀礼、②秘儀集団への加入式、③呪医やシャーマンになるための儀式、という三つの範疇に分類しているが、彼は、これらすべての儀式を支える決定的な要素として、古代人や未開人特有の神話的世界観をあげた。」（同、一〇七八頁）

かくして、その神話的世界観の中で、以下の点をもっとも重要だとして記述する。

「つまり、より完全な人間になるためには、繰り返し死んで、「始め」に戻ることが必要だと考えられるのである。」（同、一〇七八頁）

ここまで引用しながら考えてきて、「イニシエーション」という言葉に、何が内包されており、何が問題とされているかが、見えてきたのではないかと思う。つまり、この語の含意の根幹は、象徴的には「死と再生」ということに凝縮させることができるのではなかろうか。

2 「不登校」の歴史

さて、筆者は、不登校に纏わる児童生徒をここ四〇年にわたってみてきている。そして、最初の一〇年間の経験から、前章で述べた「内閉論」を胚胎し、まず、手初めに、中井久夫氏と編んだ『思春期の精神病理と治療』（文献83）にその論文を載せた。その後、少しずつ、理論の内包は膨らんでいった。さて、ここでは、今少し、立ち戻って、不登校の歴史や成因論について語るところからはじめてみたい。

不登校研究の歴史

不登校研究の歴史は、「さしたる病気があるとも思えないのに学校へ行くことができない」という状態を示す子どもへの呼称の変化の歴史でもあった。筆者が今ここで問題にしようとしている不登校児童について、文献上最初に現れたのはアメリカにおいてであり、それは一九三二年ブロードウィンによる「怠学研究に関する一考察」という論文であった（文献8）。彼は、「怠学（トルアンシィ）」という呼称のもとに書いているのだが、その頃の「怠学」のほとんどは、家庭の理由、つまり経済的理由か、親の教育に関する無知によるものかのいずれかであり、子どもに家の手伝いをさせたりして学校に行かせる余裕のない家庭が多かったし、経済的には足りていても学校になど行く必要はないとする家庭が多かった。その次に多いのは、いわゆる本来の怠学、つまり子どものおサボり、つまり、集団で悪さをしたりするものや個人での非行を伴うもの、あるいは単なる遊びなどにかまけて学校に行かないものなどがその内実であった。それらに加えて、最近（無論当時の時代において）新種のもの、つまり、本人は学校に行きたがっているのに、行こうとすると頭痛やら腹痛やら発熱などの何らかの症状なりが出て、行けなくなってしまう類いの児童（これがここにおいて問題とする不登校児である）について報告したのであるが、『ナーヴァス・チャイルド（神経質なこども）』という雑誌に発表されたこの論文の発表当時には、これらの子どもにまだ適切な名称は与えられず仕舞いであったため、他の怠学に紛れて、その先進性が認められず、文献上取り上げられることが少なかった。

ついで、一九四一年、これが通常この種の文献の嚆矢とされているものであるが、やはりアメリカのジョンソンという学者が、「学校恐怖症（スクール・フォビア）」という論文を『米国正統精神医学雑誌（*American J. of Orthopsychiatry*）』に発表したのである（文献17）。しかし、つぶさにこの論文を読んでみると、「いわゆる学校恐怖症」というふうに、「いわゆる」という形容がついていることからも知られるように、すでにジョンソンの論文以前に、この種の不登校の児童は一般的に、「学校恐怖症」という名で呼ばれていたらしいことを示唆するのである。しかし、必ずしも、これらの子どもたちは学校を恐怖しているわけではなく、この呼称は当初から問題とされたようである。

そして、これらが日本の学校に登場するのが一九五〇年代以降のことなのである。ついで、「登校拒否（スクール・リフューザル）」（伊藤克彦、一九六二）という名が登場してきたが、ここでも、確かに、教師や学校の方に問題があるか、児童自身の側に何らかの拒否する理由があるかと思わせ――幾人かのこうした児童のうちには、学校に行くことを敢然と「拒否」するものもあったけれども――やはりこの名称も、本状態像をあらわす全体を代表するものではなかった（文献16）。さて当時、これらのたいていの児童の心理に、学校は行かねばならぬ、行きたいのに行けない、という「強迫」的な葛藤があり、背景に強迫性格が潜んでいることから、筆者は、一時これらの子どもたちに「登校強迫」（山中、一九七九）という名称を与えたこともある（文献84）。それはともかく、こうした学校へ行かない子どもたちはどんどんと増えていき、これらの子どもへの呼称も、「不登校」という中立的な名称で呼ばれるようになって、それもすでに久しいこととなったことは周知のことであろう。

こうした子どもたちも、一九六四年に名古屋大学精神科の若林慎一郎らが調査した頃には、一万人に四人ほどの発生率で、まあ、各学校に一人いるか、多くて二人程度だった（文献72）のが、今では、どの学校でも各クラスに一人はいるくらいの多さになっている。以前は、こうした状態を病気とするか、性格に起因すると考えるかは別としても、とにかく本人の欠陥なり、家族の欠陥であるかのような言われ方をした時代もあって、本人も家族も随分と肩身の狭い思いをしていたものであるが、最近では、家族の考え方も積極的になって、わざわざ学校などに行くよりも、自家独自の教育プランでもってやるという人たちすら現れ、文部省（当時）も、「誰がなってもおかしくない」という文書を出すに及んで、「不登校」は社会現象としての性格すら有するように変化してきていることもすでに読者は承知のことであろう。

不登校児の成因論の変遷

不登校の発生原因についても、これまでに幾多の説が現れては消えていった。まず、前にあげたジョンソンや、またアイゼンバーグ（一九五八）といった人たちは、「母子分離不安（セパレイション・アンザイエティ）」が根底にある、としたが、これは、母親の心の中に、何らかの理由で子どもを手放したくない、という心性があり、それを子どもが無意識的に察知して、家を離れられなくなるものである（文献12）。これはいわゆる不登校と言われるもののうち、ほぼ神経症性のものの約半数に当たるものを説明する説である。この説はいまだに力をもっている説の一つだと筆者は考えるものである（ただし、すべての不登校児に当てはまるというわけではない。不登校はいろいろな原因で起こるものであり、単一のものではないからだ）が、母親の心の中の何らかの理由というのには、たとえば母親自体がやはり子どもの頃にその母親との分離に成功していず、まだ未解決のままその問題を引きずっている、といったこともあれば、現在の夫との関係性において、子どもを自分にひきつけておきたい、という心性があるとか、まさにいろんな場合が考えられるものである。

ついで、ルベンソール（一九六四）の、「過大自己像説」がある（文献36）。それは、子どもの心の中に、自分に対する過大な期待があり、現実に沿わないほどに過大な自己像をもちすぎているため、その維持ができなくなったとき破綻する、というものであるが、確かにこの理論で説明できる子どももなかにはいると思われる。

また、アグラス（一九五九）が、『米国精神医学雑誌（*American J. of Psychiatry*）』に発表した「鬱病説」も忘れてならない学説の一つである（文献2）。それは、不登校を呈する子どもの周辺に鬱病の発症をみるケースが多い、という臨床的な事実から発したものである。そして、不登校児の、朝起きられない、何に対しても関心がもてない、興味がわかない、といった基本症状は、まさに鬱病そのものなのであり、遺伝的にも、鬱病圏に属するものが多い、というものであった。確かに、通常不登校とされているものの中には、このタイプによるものも含まれていることがあり、現代では八〇パーセントの鬱病は薬物で治癒しうるところに来ているので、当然ながら、抗鬱剤という薬物によって早急に解決をみるケースもあることはこころしておかねばならぬ事実である。ここで、ついでに触れておくが、鬱病のみに限らず、たとえば、統合失調症の初期にも、表面に現れた症状は不登校のみ、という時期もありうる。つまり、表面的には普通の不登校とかわらぬ形をとっても、中にはより重篤な精神疾患が隠されている場合もときにはあるので、軽軽には扱えない。

日本の不登校研究の草分けの一人とも目される佐藤修策は、一九六七年に、過保護的母子関係のなかでの子どもの心理的独立の挫折をあげているが（文献60）、これは先のジョンソンあるいはアイゼンバーグらの成因論の延長上に、日本の家族関係の特徴を加味した考え方であったと言える。しかし、佐藤の評価しうる点は、大切なのは不登校の子どもを早期に学校復帰させることではなく、未熟な自我を変容強化させることだ、と説いたところにあり、これは、その後の筆者自身による「内閉論」に大きな影響を与えたと言える。同じく、この分野の草分けの精神科医の一人、高木隆郎（一九六四）は、これらの子どもたちの症状形成の過程をつぶさに観察し、かつ、家族の力動を検討した結果、社会化のモデルとしての「父親像の不在」を指摘した（文献65）。

かくして、それまでが主として、たとえば先のジョンソンやアイゼンバーグなど、子どもの母親との関係性に力点をおいた研究が趨勢だったのに比して、従来背後に退いていたかに見えた父親との関係性に光が当てられたのであった。

その他にも、たとえば「優等生の息切れ型」とか、「甘やかされタイプの自我未成熟型」、「無気力傾向の目立つ無気力型」、「萎縮型」、あるいは「発達遅滞を伴う型」などいくつかの類型が設定され、それらの成因が個々に論じられたが、そうした事柄を論ずるのが本稿の主たる目的ではないので、ここらで以下は割愛することとしたい。

内閉論の理論的拡充

筆者の内閉論については、前章において簡略に説いたので繰り返さないが、要するに、彼らが学校に行かないのをネガティヴにとらえず、それは、いわば、彼らにとって、まず、しなければならないことがあるのだ、ととらえることから始まる。

そして、その根本的考え方において、彼ら不登校児童の内的なこころの状況を、いわゆる「サナギ」の時期と見立て、何とか早く学校へ復帰させようと躍起になるのではなく、この機にせねばならぬことは、いわば、アイデンティティを形成するまでもっぱらこの状況を徹底的に守ることであり、そうしてじっとクライエントに同行しながら待てば、必ずいつか、いわゆる「蟬脱《せんだつ》」なり、「啐啄《そったく》」なりと呼ばれる、脱皮の時期が到来すると、彼らは自ら「出立《しゅったつ》」していくものである、ことを説いたのであった。その際、彼らのわずかに世界とコミュニケートしている「窓（通路、チャンネル）」が、実は通常は家族や周囲にとってはほとんど何も価値あるものとして位置づけられていない類いの、たとえば、ファミコンだったり、アニメやマンガや釣りとか、プラモデルづくりといった、一見他愛もないものにのみ没頭していることが多いことに目をつけ、これを「内閉（セクルージョン）」と呼んだのであった。

最近の不登校児の質的変貌

さて、これまでの不登校児童の議論は、いわば「良性の」不登校についての議論であり、昨今、たとえば神戸において起こった少年連続殺人事件（一九九七）や、あるいは中学生による親しい友人との父親殺人事件（一九九八）にせよ、あちこちで起こっている数々の事件の大部分に不登校児童生徒がからんでおり、上記に対して、いわば「悪性の」不登校とも言える子どもたちについて、何ら語らないのはバランスを欠いたことにはならないか、との異論も出よう。

確かに筆者は、一九九八年、京都の佛教大学大講堂で開催された「第8回こころの健康会議」に、「少年非行と心理臨床の問題」なるシンポジウムのシンポジストとして招かれ、最近の少年事件の大幅な変容について語った際に、「魂《たましい》の病い」とでもいうべき、従来とはまた異なった事態が発生している、と述べたことがあり、そうした意見は、大部分の一般的な大衆の考え方を代表していると言えるので、ここにさらに一節を書き足すことにした。

最近は文部科学省ですら、「不登校は誰におこってもいいと言えるくらい一般的となった」と言っているが、今、それを言っても、すでに時が経っていて、今は以前の状態とはまったく異なった事態が発生しているとしか思えない。以前は、文部科学省に代表される世間は、不登校の児童は「不良」と考えていた節があるが、やっと文部科学省もそうではなく、むしろ彼らの中には筆者が上に述べたような悩みつつ真剣に考えている子どもたちの一群があることに遅まきながら気づいたのである。ただし、文部科学省がそれを言い出した頃には、今度は事態は逆転し、不登校生徒の中に本当の「不良」が交じるようになったのではないか、と思われるのである。第一、先にあげた二つの事件では、子どもが何をしているかをまったく両親が把握しておらず、前者ではA少年が複数にわたって殺人を犯しても感知していないどころか、まったく他人の事件だとみて振る舞っているくらいであるし、後者の事件でも、よその子どもが自宅にたむろしていてもこれにまったく感づいていない、というふうに、一昔前の不登校の子どもたちとは一味も二味も違うと思うのである。

最近に至るここ数年の情勢は、不登校の児童生徒にも変化の兆しがあった。それは、上に縷々書いてきたように、一昔前までの不登校児には、何らかの「窓」が開いている子が多かったのだが、最近、その「窓」がまったく見当たらず、「何にも興味がわかない」「何をしていても面白くない」「死にたい」とばかり言う子が、俄然増えてきていたのである。ただ、しかし、最近の不登校児童は犯罪に関わっているので、すべて悪性だ、と言うふうな短絡反応はしたくない。無論、これらの犯罪の被害者の立場に身をおけば、けっして許されぬことであり、今後いっさいのこうした事件の発生を無くすべきだ、との強硬意見になられることは想像に難くないが、単純には反応できない部分があるからだ。しかし、不登校もここまでその裾野が広がると、従来の範疇ばかりでなく、この線上にいろいろの不登校がそれぞれに入り交じってまかり通る事態となって、たとえばワルの子はもちろん、これまでうつうつとながらやっとのことで我慢していた子も、些細なことでキレて、不登校の戦列に加わってきていると考えられるし、ますます混沌として見えにくくなっていることもまた確かなのだ。

むしろこうした状況においては、次の時代を生み出すトリック・スター的な存在として考える考え方をも提出しておいた方がより生産的かもしれない。すなわち、混沌の中で、かえって暴れまわったり、大きないたずらを働いたりするものが、実は、次の時代の担い手になっていく可能性を秘めている、とみる見方である。これはユングのいうエナンチオドロミア（enantiodromia）、（つまり、それまで退行して内向きになっていたエネルギーの方向が突然転回して外に向かい出すこと）の考え方の応用であり、その根本は補償理論である（文献18）。つまり、じっと般化が進んでマイナスのエネルギーが充満し、一方の極点に至って、初めて、今度はまったく逆の方向にエネルギーが流れ始めるのだ。そこでは悪必ずしも悪ならず、であって、単純な一方向性で考えていては、けっして解決がつかないのである。

しかし、にもかかわらず、最近の少年たちの変貌ぶりは常識をはるかに超えている。一九九八年に栃木県の中学校で起きた女教師殺人事件について、直後にNHKが行ったインタヴュー調査において、あの少年に共感できる、とした回答が五〇％を超えていたし、例の神戸の連続殺人事件ですら、あの少年でなかったら、自分だったかもしれない、と述べた筆者のクライエントが幾人かいた事実も見逃せない。さらには、『文芸春秋』（一九九八年七月号）に載った六つの調書を読んでみたが（無論、その信憑性には問題が残るし、そもそも調書というものが一〇〇％本人の語ったものとは到底言えないことも事実であるにもかかわらず、そういう留保をつけた上で）筆者は、あの少年が、被害者の少年を殺していながらまったく罪悪感を持ち合わせないどころか、その血を飲んだり、死体を自分の「作品」と呼んだりする辺りになると、いわゆる「宗教性」の領域に踏み込んでいることが窺われ、これらの部分は到底検事らの頭で作り出せる程度を遥かに超していると思うのである。筆者としては、従来の精神病範疇にはおさまりきらない、相当異なった、「異界」にまで踏み込んでいる可能性をみており、これも上に述べて来た、子どもたちの変容を語る格好の素材であると思われるのだ。つまり、そこまで、子どもたちの内的世界は変わってきているのである。誤解をおそれず、一言で表現するなら、従来あった最奥層の神話的世界や、次層の想像的世界、そして表層の現実的世界のおのおのの隔壁がいかにも薄くなって、ちょっとしたことでいとも簡単にお互いの層の行き来が可能となっているように見えるのだ（従来なら、神話的世界のことはせいぜい精神病的世界か、夢の世界にかいま見ることができただけであったのが、簡単に現実の世界で起こってしまうのである。フロイトならさしずめ、エディプス神話に見いだしたものが、現実の父親殺しになってしまっている）。これは、こころの守りが極端に薄くなっていることの現れであり、不登校の子どもたちのみならず、子ども一般が大きく変化してきていることを語っていよう。

3 事例

ここで、具体的に、事例を提出して論じてみたい。プライヴァシーへの配慮についての諸々の試みがなされているのは当然のことである。

事例1

［クライエント］奈良岡拓也（無論、仮名）、インテーク（初回面接）時、一七歳、高校二年生、男子。
［主訴］学校に行く気がしない。父親がうざったい。
［家族］父：老舗の食品加工業経営、大学卒、四五歳。
母：老舗の女将さん、短大卒、四二歳。
姉：女子大生、一九歳。

拓也はある地方都市で老舗の菓子舗を営む両親のもとに第二子長男として生まれた、ある有名私立高校の二年生であった。両親からは早くから跡継ぎとして期待され、有名私立高校に優秀な成績で入学したが、勉強は嫌いでなかったけれども、進学一本槍で指導する学校側のやり方が気に入らず、じっくりと自分のしたいことをさせない学校教育のやり方に不満があった。クラブ活動では、ベースやギターなどのインストルメントを巧みに弾きこなして仲間とバンドを組み、拓也にとってはもっぱらそちらの方が主たる日常活動となっていた。が、二年になって進学指導が徹底すると、クラブ活動を辞めるようにと教師から言われたのである。彼は頑として辞めず、むしろ、学校は休んでも、クラブだけは出てくる、という事態が続いた。また、学校に出ないのを、母親は黙認していたが、とやかく陰で言い、母親にそれを言わせる父親の言動が気に入らず、時として、父親に殴り掛かったり、それをとめに入る母親を叩いてしまったり、という事態も見られた。

そんな彼が、母親に連れられて筆者の相談室に来談したのは、その年の二学期の一〇月始めのことであった。母親はこの現代にあって、きちんと和服を着こなした上品な女性であったが、拓也は、いかにもふて腐れて、初対面の筆者に対し、体を半身にして、下から嘗めまわすような目付きでジロッと一瞥し、今にも挑みかかるような風情であった。筆者は、いつものように、母親に出てもらい、待合室で待ってもらうことにして、早速、拓也個人と相対した。

以下に、多少冗長ともみえるかもしれないが、筆者の常日頃のインテーク（初回面接）の在り方とセラピーの方針とを端的に示していると思われるので、ほとんど逐語録的に記載してみることにしたい。

（…どういうことで、ここへ来ることに…？）

「…知らんね。聞いてへん。おかん（母親）が行け言うたから」

（…でも、よく来てくれたね。ここで話されることはきちんと秘密厳守だから、たとえば君のご両親が内容を知りたい、と言われたってけっして話さないので、君自身の考えを素直に言ってくれたらいい）

「そんなら言わしてもらうが、自分を学校へ行かせようったって、そりゃ無理やで。自分が、したいことをしたいんやから…」

（学校へ行くか行かないかは、君が決めることで、私がとやかく言うことではない。お母さんが行けと言われた、っていうけど、君の意志ではないの？）

「…おかんもおとん（父親）も学校のことは言わない。…ここへ行け言うたんはおかん。おとんのことはうざったい。顔見るだけで腹が立つ。おかんを使って何か言わせているけど、自分に面と向かって何も言わない。それで、自分がなじると暴力をふるう」

（ふうん。お父さんとは言葉で話が通じないんだね）

「…もうずっと前からそう。腹が立つ。おとんなんかいなくなればいい」

（そうかな。それは保留にしとこう。ところで、さっき言ってた、君のしたいことって、何かな？）

「…一つは、音楽を続けたいし、もう一つは、今、本当に調べたいことがある」

（音楽って？）

「自分らで組んでるバンドで、バンド活動がしたいねん。友達の友達にゃ、夜のアルバイトやってるのもいるんやけど、自分たちゃ、別に、金ほしいわけじゃないねん。本当に好きな曲が奏りたいだけやし…」

（へえ、どんな楽器？）

「…エレキ・ギター」

（へえ、…今の子はそんなん弾くのはお茶の子なんだ）

「…あんまし、たいしたことじゃないけど）

（で、好きな曲って？）

「…聴くのはイギリスのジャズ・ロック・グループやねんけど、自分らで奏るのは、自分らで作ったもの…」

（へぇ、自分らのオリジナルが弾けるくらい、楽器が自由自在なんだもの。羨ましいよ）

「そんなふうに言われるほどでもないけど…」

(イギリスのジャズ・ロックって?)

「ゴングジラ…ってわかる?」

(何それ、ゴジラの変形かい?)

「まあね。じゃ、その前の、ゴングってのは?」

(拳闘やプロレスの鐘のこと? あの、カーンと鳴るやつ…)

「あのね。デイヴィッド・アレンが結成したジャズ・ロックのグループやで。ギターのスティーヴ・ヒレッジや、ドラムスのピエール・モエルランが加わったこともあるんやけど、ベースのマイク・ハウレットとか、シンセサイザーのディディエ・マレエブが七六年頃に出した、「シャマール」というアルバムがある。ギターのアラン・ホールズワーズが出した、「ガズーズ」もあるけど、ゴングジラになってからのは、「サファー」ってアルバムで、これは、ギターが、アラン・ホールズワースと、ボン・ロザガ、パーカッションが、ベノワ・ムーランで、ベースがハンスフォード・ロウなんだ」

(…??????…僕には、人の名前なのか、グループ名なのかすら分からないし、まったくついていけない。でも、随分詳しいんだねえ。感心したよ。まるで舌咬みそうな名前ばかりだ。よく、そういうの区別できるねえ。…あ、そうだ、次に来るとき、テープに吹き込んでくれたら、聴くけど…)

「吹き込むって? ああ、ダビングのこと。いいよ、聴くんなら、もって来る」

(そりゃ、ありがたいね。えーっと、もう一つ、本当に調べたいことがあるって言ったよね。それは何なの?)

「…学校の先生は、点の取り方教えてくれはるけど、その勉強は何のためなんやって聞くやろ。すると、そりゃ大学に入るためやといわはる。…で、大学に入るのんは何のためやて聞くとな、自分の好きな仕事につくためや言わはる。…なら、初めっから、自分のやりたいバンドをしてなんであかんのや？　…ん。話が違ったっけ。…今、本当に調べたいっつーのはね、…自転車のことや」

（自転車？）

「競争用のじゃなくて、一六段変速のスピード感応式自動変速システムの…」

（スピード感応式自動…、それって、何？）

「いろんな道に対応できて、速度も自由に変えられるのやねん。カタログがあるヨ」

（今度ぜひ見せてよ。カタログもって来てね。へーえ、自転車にも沢山の種類があるわけ？）

「あれ、そんなことも知らんの？」

（もちろん、僕の知ってることなんて、たかが知れてる。だから、君の方がよく知ってることは君が教えてくれたらいい）

「ふーん、でも、先生は大学の先生なんやろ」

（世間じゃそう言うけど、こういう仕事では、大学の先生である以前に、セラピストといって、こころの治療に関わるものにとっては、相手の人、つまり、ここでは君のことだけど、君に信用してもらえるかどうかがもっとも大切なことで、それ以外は関係ないと言ってもいい）

「ふーん。そんな言い方する先生もあるんだ」

（と言うと？）

「だって、自分らの高校じゃ、先生たちはそういうものの言い方はしないよ」

（どんな言い方なの？）

「お前たちはまだ半人前なんだから、まず、言われたとおりに勉強せい、と高飛車にくる先生から、授業の内容以外はいっさいノー・コメントの先生。試験の成績や点数がどうの、模試の結果がどうの、と形式的なことばっかし言ってる先生とか、自分らからみて、人間的なのはあんましいてへんね」

（そうか、今の時代は、先生たちも忙しくなって、ことの本題しか言う時間がなくなってるのかな？）

「え、じゃあ、先生の頃には、そういうのもいてたん？」

（そうだよ。僕らの頃は、むしろ、そういう先生の方が多かったと思う。あ、もう時間だ。今日はこれで時間きちゃったので終わるけど、次週から、ここへ通ってきてくれるかい？）

「…別に、来てもいいけど。何するわけ？」

（今日聞いたような話を、しに来てくれたらいい。話の主導権は君にあって、私にあるわけじゃない…）

「ふーん。…、ま。…いいけど」

（じゃ、その来てもらう曜日だけど、今日はインテークといって、初めて会う日だから、時間も曜日も特別だったんだ。で、君としてはいつのどういう時間帯なら来られるのかな？）

「こっちは、いつかていいよ。ひまやし。…で、そっちの都合は？」

（そうだね、今、手帳を見ると××曜日の××時なら空いてるけど、君は？）

「うん。自分ぁ、かまへん」

（じゃ、そういうことにしよう。次回からは、かっきりこの曜日この時間に始まって、五〇分。料金は××円ってことになってるけど、それは、地下の受付で払ってもらうことになってるんだ。これもいいね）

「…わかった。じゃ、また」

（さようなら）

彼は、その週を皮切りに、不思議なことに、毎週きちんとやって来た。不思議なことに、というのは、学校へはまったくといっていいほど出掛けていなかったからである。しかも、私の空いていた時間帯が、何と、早朝の、通常なら学校の開設されている時間帯であったからだ。彼らのうちのある者は、医学的・生物学的つまり生化学的ないしは生理学的なレヴェルにおいて行けなくなっているのではなくて、明らかに、何らかの状況に関わる反応であることが知られよう。

さて、ここにおいて、彼が語った、音楽とか自転車が、私のいう「窓」なのだ。彼らは、親の関心の的である学校の科目なんどには余り関心を示さないが、親たちが関心を示さぬどころか、それは勉強の妨げだとすら思っているところの、こうした関心の対象が、私のいう「窓」なのである。彼らは、この「窓」で社会とつながっているのだ。

なお、少し種明かしをしておかねばならないだろう。専門家から見れば、右に示した展開は、幾分どころか、相当に早い展開となっている。ことに、先に指摘した「窓」の見えるのは、たいてい、セッション（面接）が二、三回と進んで、ラポール、つまり信頼関係ができてからであることが多いのである。無論、ここでは、そこらを圧縮して描いてあることを断らねばならない。

事例1のその後

本稿では、いわゆる事例報告の論文ではないので、この事例の、時間経過をおっての展開過程はいっさい省略せねばならない。しかし、元来「イニシエーション」を論じるのが目的なのであるから、一挙に、そのことを含むセッションまで跳ぶことにしたい。初回以来、すでに三年を経過したあとのことである。この頃には、彼はアルバイト（といっても正式に雇用契約を結んだ、長期的な仕事である）についており、そのために、面接はもう月一回になっていた。しかし、この面接を彼も私もとても大切にしていて、実に貴重な時間をなしていた。


（この一カ月どうだった？）

「別に、変わらないです」

（そうね、変わらない、というのも、大切なことね）

「そうですね」

（…仕事のほう、その後順調だったのね）

「ええ、やってる形式は同じだけど、内容は少しずつだけど変わっていますから」

（そうね。いい仕事みつけたね。今の君にぴったりだ）

「そうですね。たまたま、友だちの友だちに紹介されたんだけど、経済的には少し厳しいけど、一応、安定してるし、内容も、それが社会に役立っているんだ、と思えるものだから…」

（それがよかったね。ところで、今月は、何かいいことあった？）

「とくにありませんけど、この前から話してる、アイリッシュ・エンド・ケルティックのことですが、「パトリック・ストリート」っていう、バンドのアルバム、最近までに出たすべてを聞き直してみたんです。そしたら、マクグリンのギターやっぱり初めからいいですね。彼はもともと、ロック・ジャズのギタリストとして活躍していた人だけあって、ロックの味も残しながら、いい線いってんですよ。ファースト・アルバムのバンド名をそのまま付けたのは、解説によると、メンバーがその時はじめて出会ったくらい、忙しい中での、ほとんどリハなしのぶっつけ本番だったらしいけど、かえって新鮮な味出してんですよ。もと「ダナン」にいたジャバラのジャッキー・ディリーの…」

(ちょっとまって、ジャバラってのは?)

「ああ、蛇腹のことです。蛇の腹のようなボディ、つまり、アコーディオンや、コンサーティーナのような、楽器のボディ部分が蛇腹になってる…」

(昔のカメラのような蛇腹のことね。アイリッシュやケルティックのだと、六角形のボディしてるのがあるよね)

「そうです。あれです。そのジャッキー・ディリーがアメリカでツアーしてて、フィドルのケヴィン・バークと知り合った」

(フィドルって?)

「つまり、まぁ、ヴァイオリンのことです。奏法が独特なんです。ボーイングっていうんだけど、弓使いが特徴的で、バークのなんかさしずめ、「ボシィ・バンド」で有名を馳せてバーク・スタイルっていわれるくらいに、彼独特の味出してる…」

(うん、うん)

「セカンド・アルバムは、そのまま、アルバム・ネームも、「No.2」なんですよ。ジャッキー・ディリーのメローディオンが何ともいえなく美しい。こんど、先生にも聴いてもらいたいから、ダビングしてもって来ます」

（そう願いたいね。音楽は、やはり聴いてみないと分からないものね）

「バウロンがまったく使われてないんです。それがかえって、アンサンブルに暖かみが加わるって言うか…」

（ちょっと待って、バウロンってのは？）

「ああ、打楽器ですよ。タンバリンみたようなものです。スティックの打ち方が特徴的です。ボーランっていう地方もあるとか…」

（どんな曲があるわけ？）

「僕は、曲のなかでは、ヴォーカルのアーヴァインの味がもっとも出てる「マーダー・バラッド」がいいですよ」

（おっかないね、「殺人の歌」って題なの？）

「だって、アイリッシュは、今もイギリスからの独立のために戦ってるんですから…」

（そうだよね。そのこと忘れてると、間違っちゃうよね。ピーター・フォークの「コロンボ」でも、アイリッシュの戦いの話あったよな）

「ああ、あれ、自分も見ました。アイリッシュ・ウイスキーの瓶に、飲んだ後爪で傷つけるやつ…」

（そうそう、それが一つのキーになる話だったね）

「三つ目のアルバムは、「アイリッシュ・タイムズ」っていうんですが、これ九〇年の発表なんですね。でも、全然古くないっていうか、冒頭の、マクグリンのギターの炸裂する、「ペンギン・カフェ・オーケストラのカバー」が実に気持ちがすかっとする。洒落てますよ。イーリアン・パイプが加わって、おもしろい音になってる…」

(イーリアン・パイプって、あの、脇腹に挟んで、袋を押すやつね。独特のバグパイプだ)

「そうです。アイリッシュ独特。スコッチが口で吹くのと対照的ですね」

(僕も、両方とも聴いたけど、不思議な音がする)

「四つ目の、「オール・イン・ザ・グッド・タイム」は、とくにいいですよ。みんな昔がよみがえったかのごとく、まったく自由に演奏してて、それでいて、見事にチューンしてる。ディリーとバークのユニゾンもいいけど、マクグリンとアーヴィンのバッキングもいい。みんな勝手にやってるみたいだけどきちんと合ってて、そして、それぞれ個性が出てる」

(そりゃ、理想的だ)

「次の、「コーナー・ボーイズ」は、トラッドに基づいてのものになってるけど、自分は、マクグリンのギターが聴けなくなった分、ちょっと寂しい。無論、ゲド・フォウリもとっても旨いんだけど、自分の好みとは微妙にずれる」

(そうだよなぁ、君は、「パトリック・ストリート」には確かマクグリンから入ったようなもんだったからね)

「そうです。よく覚えてられますね」

(だって、マクグリンは、ジャズ・ロックからアイリッシュに入った人だって君言ってたじゃないか…)

「そのとおりです。マクグリンが好きだったからです。ところで、先生、話がガラッと変わるんですが、ちょっと、お聞きしたいことがあるんです」

(どうぞ)

「…ちょっと、言いにくいんですが、彼女のことです。以前から話していた、僕の本当に好きなAさんは、今、彼女自身のしたいことを夢中でやってる最中で、しばらく会ってないんです。ところが、このところ、急に接近してきた、Bさんっていう女性がいるんです。…彼女、これまで自分がつきあったどのタイプとも違うし、すごく積極的で、自分に迫ってくる。…カラダの関係も、つい、もっちゃうこともあるんですが、自分としては、何か終わった後、空しいっていうか、不潔感だけになったりして…。Aさんのこと考えると、何か後ろめたい感じがしてしまう。Aさんには、会っても、そういうことしないできた。その分、優しさとか、女性らしさを大事にできる…。でも、いかんともしがたい性欲がどーんとつきあがってくることがある。かといって、Bさんは、そういうジメジメしたところがまったくなくって、サバサバしてる。しかも、彼女は以前、職場のみんなのアイドルだったというか、あの頃は、高嶺の花で手も出なかったのが、何か、状況が変わって、自分にはいつでも手がとどくというか、だから、なんだか悪いけど、性の対象っていうふうになってしまって。でも、Aさんを悲しませたくない、っていうか。自分としては、このままではいけないっていう気があるんです。辛い…。どうしたらいいかと…」

（君も、「愛」の問題で、純粋に悩んでるんだね。本当に好きなAさんとは、かえって責任を感じてというか、彼女のことを深く考えて、自分の衝動を抑えて、関係がもてない。しかし、Bさんとは、向こうから積極的に働きかけられて、悪い気はしないが、Aさんに対して、良心の呵責があるっていうわけね。君も…人並みの、というか、いや、君本来の、本当の悩みを悩んでるわけだ。答えは、簡単じゃない。無論、君も分かってるように、いつものごとく、私からは答えを出さない。悩むこと自体が大切なんだ。悩むことは貴い。そこから、必ずや、君自身が、答えを見つけだしてくると思うから…）

「そう言われると思ってました。でも、言ってみたことで、少し、ラクになりました。また、いろいろ考えてみます…」

いくぶん冗長になったかもしれない。しかし、個々に抄出した面接の一場面を見られただけでも、彼の成長ぶりの一端はかいま見ることができたのではなかろうか。三年という月日は確かに長い。しかし、その三年のインキュベーション（孵化）の段階において、彼が自身で選び取った、チャンネル、つまり私のいう「窓」としての「音楽」は、ジャズ・ロックから、アイリッシュ・ケルトの方へと、歴史的にも、より古い段階に進み深化していったのだったが、その中にたぎっていた「未分化な攻撃性」から「独立への衝動」へと、徐々に、明確な形をなして展開し、今や、異性たる女性との「対等」の「関係性」を追求しての、真剣に「悩む」段階にまで、はっきりとイニシエートしてきていることが認められるであろう（文献34）。

事例2

［クライエント］深山聡子（仮名）、一四歳、中学二年生、女子。
［主訴］学校へ行けない。
［家族］父：町役場に勤務する地方公務員、四六歳。他人には優しいが、家族には怒りっぽい。
母：もと小学校勤務の教師だったが、聡子のことで最近辞職し、今は無職。四二歳。性格は、几帳面。働き者。
兄：高校生、優等生。優しい。

祖母：田舎に一人で暮らしている。気丈。

［現病歴］聡子はある年の五月、学校の先生の紹介で、父親の運転する車で、母親と一緒に、筆者の勤務する相談機関にやってきた。きっかけを聞くも、さしたる理由はなく、ただ何となく行けなくなった、という。

［インテーク（初回面接）］：

（どうしたのかな？）

「別に…」

（何かあったの？）

「何も…」

（ここに来ることは誰が考えたの？）

「…」

（お母さん？）

「…」

（お父さん？）

「…」

（貴女ご自身？）

「違う」

（じゃぁ、どなたが？）

「担任の先生が…」

（ほう、先生が何かおっしゃったの？）

「…」

（言いたくないことは言わなくていいんだよ）

「…」

（そういえば、さっきお母様から、××先生からの「紹介状」を預かったんだったね。読んでみようか？）

「…」

（何々…、［いつもお世話になります。さて、深山聡子さんをご紹介申し上げます。彼女について、担任の教師から小生にご紹介がありました。たまたまその教師と小生が知り合いだったため、電話連絡がありましたが、小生は彼女の住む地域からは遠い地域に転勤した所ですので、彼女の居住地に比較的近い先生をご紹介することに致しました。詳細はむしろご本人から聞いていただいた方が、先生の場合ベターかと思い、ここには書き記しません。どうかよろしくお願い致します。］

この紹介者は、私のよく知っている先生だけど、ははぁ、貴女が答えられないわけだ。貴女の与り知らぬところへ紹介されてきたのだから…。学校で何かあったの？）

「最近、学校へは行ってないの…」

（そうかぁ、それは、いつ頃から？）

「もう、一カ月くらい前から…」

（きっかけは何かあったかな？）

「とくにない」

（風邪をひいたとか、おなかが痛くなったとかも？）

「それはあった。風邪ひいて、熱が出て、二、三日休んだら、行けなくなった」

（そういうこと、よくあるよ。…で、風邪ひく前はどんなだった？）

「二年生になって、クラスが替わって、今まで比較的仲良しだった友達が別のクラスに行って、話す子がいなかった…」

（うーん。そうかぁ。…で？）

「だんだん、先生の言ってることが分からなくなって…、そのうち、風邪ひいた…」

（そうかぁ。そういう人、多いよ。…でも、君は君しかいないんだから、君だけの何か特別な理由はあった？）

「分からない」

（無理に、理由はみつけなくていいんだけど…。）

「…」

（クラスが替わって、仲良しの友達がいなくなって、さみしくなったんだったね？）

「…」

（…）

「…そういえば、同じようにみじめだった小学校の四年の頃のことを思い出した」

（ん。…）

「…ある日、その日は、おばあちゃんもいなかった。お父さんとお母さんは仕事してたから、いつもいないのは普通だったけど、おばあちゃんもどこか出掛けていないし、お兄ちゃんも塾でいなかった」

(ん)

「そしたら、お兄ちゃんの友だちのKちゃんが、私の学校の帰りについてきて…」

(ん)

「竹やぶの前で、いつもなら、そこで道を曲がって、家に帰るところを、その子が、竹やぶの方に行けって言うの」

(ん)

「そしたら、私の下着おろして、私がいやだと言うのに…」

(…)

「…」

(いやな思いをしたのね)

「そう。そのあと、私、家に帰って、お母さんが帰ってきてから、そのことお母さんに言ったの。そしたら、翌日、Kちゃんとこへ行って、Kちゃんにそのこと言ったら、僕じゃないって言うの」

(ふーん)

「Kちゃんのおばちゃんも、Kに限ってそんなことは絶対にない。私の人違いだろうって大きい声で言うの」

(ん)

「そしたら、お母さんまで、そうかもしれない。人違いだろうって言って、帰ってきちゃったの。その子、ウソ言ってるのに」

(うーん。そりゃ、困ったね)

「お母さん、私のこと守ってくれなかった。そのことの方が、辛かった」

（そりゃそうだ。守ってもらえない、って思ったのね）

「あの時のみじめさと、今度のみじめさがちょっとにてる…」

（今回は何もなかったのにね）

「そう…」

（そんな、辛い体験があったのに、守ってもらえなかった、そういう…みじめな、孤立無援の気持ちと同じような状況に思えたのね）

「そうかもしれない」


ここでも、圧縮を施しているため、最初数回の面接でやっと出て来た話題が、初回で語られたようになっているが、本当のところは、やはり前の例と同じく、ラポールができてしばらくしてから語られたのであったことを記しておかねばならないだろう。こうした、現在では、ＰＴＳＤ（ポスト・トラウマティック・ストレス・ディスオーダー：心的外傷後ストレス障害）と言われる事態の記憶は、女の子などの場合、しばしば抑圧されたり乖離されたりして、忘却されていることが多い。確かに、最近のＰＴＳＤ研究の告げるように、予想外に、こうした事実は多いものであるが、その事実と、それをめぐる記憶の在り方に関しては、今少し慎重に対処せねばならないと思うので、以下に、本例および、もう一つの例からの知見を記しておくことにしたい。

これは、随分あとの面接で、本人自身によって修正されたことだが、この、「お母さんが守ってくれなかった」という部分の記憶はいくぶん違っていたことが分かっている。つまり、当初はそういうふうに語られ、彼女は明らかにそう思い込んでいたが、最近そのことを家でお母さんに言ってお母さんを責めなじったときに、お母さんからは、「それは違うよ。私は、ちゃんと、Kの家に行って、相手のお母さんにちゃんと謝ってもらったし、Kにも、二度とそういうことをしてもらっては困ることを、きちんと伝えた」と聞いて、「そうだったんだ。ちゃんと、お母さんは、守ってくれてたんだ、と知った。あの頃、ああいうふうに思い込んでいたのは、他のいろんなときにも、同じように、守ってくれてない、という気持ちが強かったので、そういうふうに思い込んでいた」と語っている。私が、とても印象的な事例で、これは既に発表してあるので参照されたいが（文献81）、あの例でも、初期には、母親に纏わる記憶は、それは凄まじいばかりにネガティヴで、「お母さんは、お母さんという名前で呼ばれるだけで、お母さんらしいこと、何一つしてくれなかった。私の覚えているのは、お母さんは、私を一度も街に連れていってくれず、お父さんと二人で出掛けていってしまい、私は置き去りだった。叱られて押し入れに入れられたことや、髪の毛を引っ張られたことなど、お母さんらしいことなど何一つしてくれなかった」と語気するどく、泣き叫びながら母親をなじっていたが、彼女の場合、絵画で、母親を火あぶりの刑に処して、象徴的に「母親殺し」を経過したあと、「そういえば、お母さんに、繁華街につれていってもらったことがあった。あの日、お父さんとお母さんの間に、私が手をつないで、真ん中にいて、両親が、すっと両方から両手を持ち上げたので、私の体が宙に浮いて、とっても気持ちよかった…」などのポジティヴな体験が語られはじめてから、当初言っていたネガティヴ一辺倒の記憶が徐々に修正されていったことを思い出す。実に、記憶というものは、感情に色づけられた幾多の別の体験とともに集積していくときに、変容していくことがあるものであることが分かる。そして、治療が進展していき、少しずつ個々の記憶が分離されていくなかで、一方向だけに偏った感情に彩られて記憶されていたものが、徐々に、おのおの異なった方向をもった感情とともに、バランスのとれた状態を取り戻していったのである。

これを書いていて思い出されるもう一つの大切なことは、本例も、あの自己臭の事例も、記憶のネガティヴな形容を施されていた分が、いずれも、彼女らを溺愛した祖母の影（つまり、この少女らが育っていく幼児期の過程で、祖母の側からみた彼女らの母親への非難の声が、彼女らの母親の「評価」をネガティヴに変容せしめていたと思われること）の微妙な影響を受けていることを知るのである。この例も、あの例も、二人とも、祖母が彼女らを溺愛し、しらずしらずのうちに、祖母からみた母親像を、自分自身の母親像として取り込んでしまっていたのであった。こうしたバイアスのかかった、変容された記憶が、しばしば、後の病理の核になっていく可能性にきづかされるが、本論ではそのことが目的ではないので、ここいらでこのことに関する記載をとどめることにする。

事例2のその後

やはり、三年ほど経って後の、事例2のその後のある面接のセッションを記すことにしたい。本事例は、先の事例1と違って、なかなか本人自身の興味なり関心なりを示す「窓」が見つけ難かったので、そうした場合のためにと、筆者の考案したMSSM（ミューチュアル・スクリブル・ストーリー・メイキング、交互ぐるぐる描き物語統合）法〔図3-4-1参照〕という方法[1]や、やはり、青山正紀氏と筆者が開発したRC（レシプローカル・コミック、交互マンガ）法[2]〔図3-4-2参照〕などを、「窓」として接していたのだった。ただし、そうしたバイパスで会って行くうちに、本事例も、NHKのアニメの「おじゃる丸」（犬丸りん）や、マンガの「ブッダとシッタカブッダ」（小泉吉宏）などが、「窓」となっていったケースである。ここでは、その一端のみを抄出することにしたい。


（この一週間、どうだった？）

「…別に、とくに変わったことない」

（…）

「…」

（じゃ、いつものする？）

「うん。あれ、すきなの」

(そう、じゃ…、ジャンケン・ぽん。あ、今日は珍しく、僕が勝ったね。じゃ、いくよ。さぁ、クルクルッと…、これはどうだい？　さて、何が見えるかな…)

「…ハングライダー」

(おお、成る程。すぐにみつけたねぇ。今度はキミの描く番だ)

「(グルグルッと描いて)…これは？」

(うーん。そうねぇ。こっちから見て、イチゴかな。次に、このグルグルは、どう？)

「石。ただの石なの」

(OK。石なのね。キミの描いてくれた次のグルグルは、曲線と直線が重なってて難しいね。…ああ、これは、キリギリスだ。緑に塗るよ。じゃ、次だ。次はキミの見つける番ダ。さぁ、何に見える？)

「…ここんとこの尖ったのが嘴で、ペンギン」

(よく、見えたね。じゃ、お話作ってくれる？)

「…ハングライダーで着地した所に大きな石があって。それを除けたら、キリギリスが居たの。それ、捕まえて帰るんだけど。ハングライダーで飛んだ距離が人よりもずっと長かったみたいなので、賞品に、イチゴとペンギンの縫いぐるみをもらいました…」

(いつも感心するけど、実に速く的確に見事にお話ができあがるね)

「いつもの、アレもしたい」

(ああ、コミックのね。いいよ。今日は、何を主人公にする？)

「(サラサラっと描いて)なまけもの」

(ミツユビかい？　それとも、ヨツユビかい？)

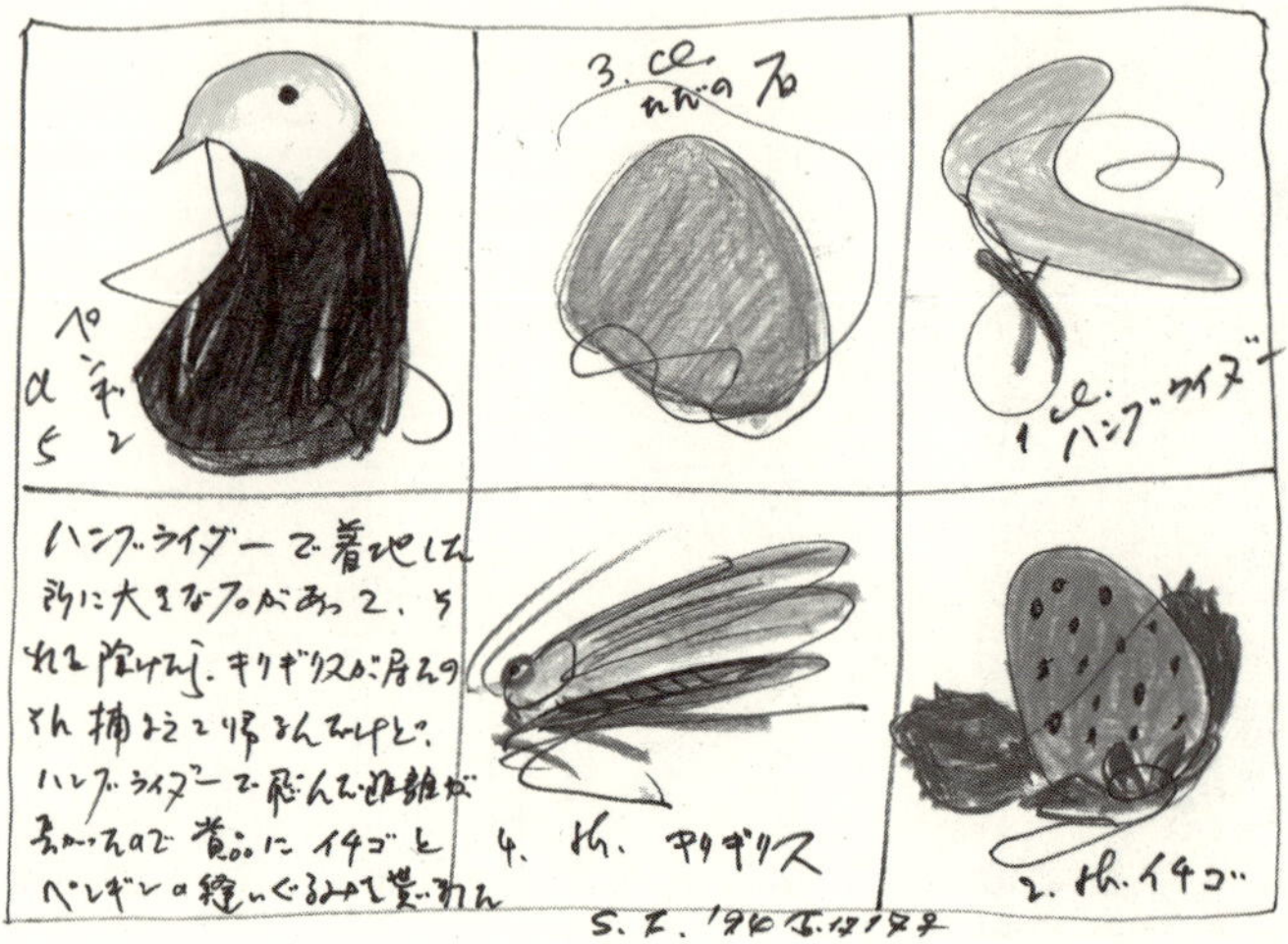

図3-4-1●MSSMの例

本文70-71頁のMSSM。以下スクリブル（ぐるぐる描き）担当者→投影者［投影されたもの］の順に示す。Clはクライエント、Thは治療者：1）Th→Cl［ハングライダー］2）Cl→Th［いちご］3）Th→Cl［ただの石］4）Cl→Th［キリギリス］5）Th→Cl［ペンギン］

物語：「ハングライダーで着地した所に大きな石があって。それを除けたら、キリギリスが居たの。それ、捕まえて帰るんだけど。ハングライダーで飛んだ距離が長かったので、賞品にイチゴとペンギンの縫いぐるみをもらいました」

「それは、どっちでもいい。ユビまで細かく描かなかったから」

（うん。さぁ、ジャンケン・ぽん。あ、今日は、二回とも僕が勝っちゃったね。じゃ、キミからだ。どうぞ）

「（ナマケモノが木にぶら下がってる絵を描き、台詞に、［おなかへった。そろそろ食べものみつけよ］と書き込む）」

（今度は、ボクの番だね。（飛んでいるカラスが口をあけてリンゴが落ちる絵を描き、台詞に［あ、しまった。口をあけたので、獲物がおちた！］と書き込み）さぁ、キミだ）

「（リンゴは向こう側の枝に落ちて引っ掛かるが、こっち側の枝にぶら下がっているナマケモノには届かない、といった絵を描いて、台詞に［あれでも食べておくか。でも、動くのめんどくせー］と書き込む）」

（うーん、流石、ナマケモノの本領発揮だねぇ。（猿が出て来て、さっきのリンゴを盗ってしまった絵を描き、台詞に［へへへ、俺さまの方が先だぜ！］と入れて）さぁ、キミが締めくくる番だ）

「（ナマケモノは残念そうな顔をして［あっ、とられた。まっ、いいか。ゆっくりさがそ］と諦めて、ゆっくりと取り掛かる絵で終わる）」

（うーん。このナマケモノ、かわいそうだったけど、しぶといね）

「そう、かんたんには幸せになれないけど、自分なりに、ちゃんとやるの」

（そりゃ、いいや）

「あのー、さっき、別に、って言ったけど、テレビ見た」

（何の？）

「先生、「おじゃる丸」って知ってる？」

（知らない。何それ？）

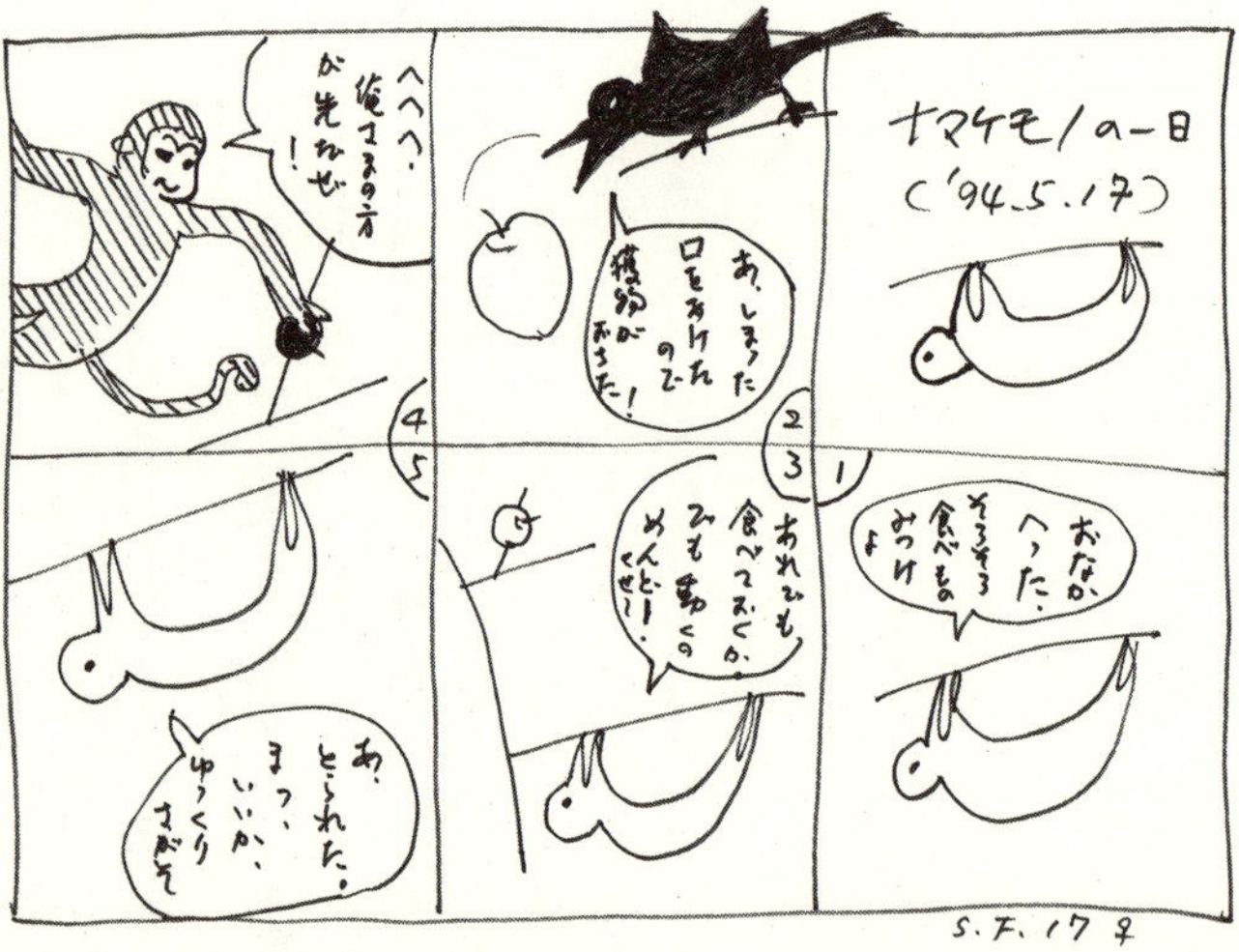

図3-4-2●RC法の例「ナマケモノの一日」

「ＮＨＫのアニメなの。…おじゃる丸、ってのが主人公なの。［マロがおじゃる丸でおじゃる…］っていう話し方する、少し変わった子なの。千年昔の、平安時代から五歳の妖精のおぼっちゃまが、「えんま大王の笏」を拾って、「満月の映るナミダ岩」を跨いだ瞬間に、そこに吸い込まれて、「過去や未来へ行ける満月ロード」を通って、今の地球にやってきたの。ちょうど、弟が欲しいって思ってた、カズマ君っていう、ふつーの男の子のとこに落ちてきたの…」

（へえ、おもしろそうな話だね）

「うん、ちょうど、いいくらいの面白さなの。昔の世界からやってきたおじゃる丸がちゃんと暮らしていけるかな？ っていうふうに今回は終わったんだけど…」

（そりゃ、キミにぴったりだ。楽しみだね）

これは、あるセッションの一端を切り取ったものであるが、このセッションを取り上げたのは、ＭＳＳＭやＲＣＭが、ちゃんとクライエントとの「窓」の役割を果たしていることが見てとれるであろうし、そのうち、やはり自分自身で、彼女独特の「窓」を見つけだしてくることも描写できているると思うからである。

さて、本事例も、こうした、「窓」を通してのやりとりを通して、長いインキュベーションから、出立し、イニシエートしていったのである。

本事例は、その後、しばらく、こうしたセッションを継続せねばならなかった。そして、ご多分に漏れず、深く辛い、「死」の危機を通り越さねばならなかった。その部分は、あまりにリアルで、かつ、クライエントにとってはもちろんのこと、セラピストにとってもあまりにしんどい作業であったので、ここに記載するためには、今しばらくの、それ自体のインキュベーションの時間が必要である。よって、ここには残念ながら書き留められないが、それはご容赦願いたい。ともかく、本事例においても、間違いなく、「死と再生」の儀式を経過して、現実世界へと旅立っていったのであった。

4 おわりに

ここに、筆者の「内閉論」を掲げ、そこから見えてくる、イニシエーションについて論じてきた。つまり、「内閉論」とは、神経症性の不登校を中心とする、きわめてユニークかつ有用な治療理論として、筆者がもう三〇年も前に提出したものであったが、ここまで読まれてお分かりのとおり、実は、もともと、本理論はイニシエーションの考え方を内包した理論だったのである。その意味では、トートロジー（tautology、同義反復）になったかのごとく見えるであろうが、理論的展開としては、まさにそのとおりであるけれども、では、本拙論の展開はまったく無意味であるか、というとさにあらず、「イニシエーション」に纏わる考え方が、実は立派に、心理療法における治療理論の一つとしての、

「内閉理論」として立派に結晶化している、ということをこそ、読み取ってほしい。

第3章●註

（1）第10章第4節を参照されるとありがたいが、一応説明しておくと、MSSM（Mutual Scribble Story Making：交互ぐるぐる描き・物語統合法、山中、一九八四）の施行法は、まず、A4判の画用紙を用意し、セラピストが、細字用サインペンで枠どりをする。次いで、クライエントに、サインペンを渡し、その枠の中で、六ないし八コマくらいに、さらに二、三本、線を入れてもらって、コマどりをしてもらう。そして、ジャンケンで順番を決め、通常は勝った方から、グルグル描きをして、負けたほうが、そのグルグル描きに投影する。ここにおいて投影するとは、そのグルグル描きから何か形を見つけだして、それに色を塗るのである。これを交互に繰り返し、最後に残った一つのコマに、今まで両者が投影して見いだしたすべてのものを登場させて、物語をクライエントが作るのである。これは、当然ながら、ナウンバーグのスクリブルや、ウィニコットのスクイッグルなどから、中井久夫の「限界吟味を加味したスクイッグル法」を経て、創出したもので、さらに、この投影のコマのいくつかをコラージュに代替させたものが、MSSM＋C法（山中、一九九〇）なのである。

（2）RCM（Reciprocal Comics Method：交互マンガ法、青山・山中、一九九九）の施行法と略史：通常、A4判の画用紙に、サインペンで、まず、セラピストが枠を描き、次に、クライエントに、二、三の線を縦横に入れてもらって、六コマ程度のコマどりをしてもらってから、次いで、右上の、タイトルのコマに、クライエントに主人公となるべきキャラクターの姿を描いてもらう。ついで、ジャンケンをして、順番を決め、負けた方から、そのキャラクターを主人公にしたマンガを、吹き出しの中に台詞をつけながら、交互に描きすすめて、マンガを展開させる。そして最後に、再び、タイトルのコマに戻って、本篇のマンガのタイトルをクライエントに付けてもらって、それをセラピストが書き入れるのである。

このアイデアは、まず、岩手のサイコセラピストの青山正紀（一九九八）が思いついた。これを初めて施行したケースを、東北地区の心理臨床家の研修会において発表した青山（一九九九）をスーパーヴィジョンした山中が、彼の方法に少しく改良を加え上記のようにさらに洗練させて、それに山中（一九九九）が、かく命名したものである。青山（二〇〇〇）はあとでこれに、ＡＣＤ（Alternative Cartoon Drawing）と名づけて発表している[*]。青山のＡＣＤの特徴は主人公がカケマル[**]くんかカケマルコちゃんと決まっていることであり、山中のＲＣは主人公はそのつど決めること、また必ずクライエントが結論部分を描くように配慮してある点が相違している。

＊青山正紀（二〇〇〇）「言語表現の少ない思春期女性との心理療法 ― 箱庭と交互描きマンガの適用」、『箱庭療法学研究』一三（二）：二九‐四四。

＊＊カケマルくんとはシルヴァスタインの『ぼくをさがして』の主人公に似た一部欠けたマルで描かれた主人公で、カケマルコちゃんとは、その女の子版である。

第4章 内閉論からみた不登校児の両親像

1 不登校児の両親像

さて本章は、前章で扱った不登校児の両親像を描出してみようとするものである。これまでの論述で少しずつ明らかになってきたことと思うが、筆者は、不登校を必ずしも病気であるとはみていないし、ましてや、これを悪いものとも考えてはいない。むしろ、以前に、『少年期の心』（文献82）で示したように、不登校児の発生は時代の影をいち早く嗅ぎ取るセンサーであるとすら考えており、その意味で、不登校は学校や時代や社会が病んでいることの表現の一つでもあるととらえているのであり、よってこれは次の時代を考えていくための大切な布石なのだとも思うのである。よって、こうこういう両親からかくかくしかじかにして不登校が発生してきた、という文脈では書かれていない。むしろ、不登校という事態が発生したことで、それまで不分明で、問題の所在すら不問に付されていたのが、かえってもろもろの課題の問題点を探求する糸口を授かったのだ、ととらえ直してみたいのである。なぜなら、確かに本人も両親も、そののち何年かにわたって苦しまねばならないことが多いけれども、やがてこれを脱却することができた暁には、実に、どの親子も、異口同音に、「この子が、登校拒否をしてくれて、本当によかった。初めて本当に生きるとはどういうことかについて考えることができた」と言われることからも、それは言えるからである。

以下に筆者が出会ってきたいくつかの不登校のケースと、いくつかのタイプの両親に登場してもらうことにする。ただし、当然ながら、プライヴァシーの保護のために、完全な臨床例をここに掲げるわけにはいかない。したがって、同じような経過を示した三、四例を一つに圧縮する方法を用いて、一つの典型例として提出するかたちをとってみたいと思う。よって、ここに掲げる実在の人物はどこにも存在しないが、しかし、その心性をもったケースはかえってどこにでも存在する彼らを確かに表現しえているはずと確信する。

2 A子の場合

A子は、三人姉妹の二番目で、次女。彼女は現在一七歳である。実はA子が中学二年生のときから、不登校は始まった。不登校のきっかけは、A子が試験のとき、実際には何もしていないのに、カンニングをしたと他の生徒に指摘され、先生にそれをとがめられたことからだった。彼女は普段から成績の良い方で、とくに数学と英語が得意だったが、それは彼女にとっては苦手な社会の試験のときだったのである。たまたま、昨夜勉強したばかりのところが出たため、彼女は半分も時間を消費しないうちにすらすらと出来てしまったので、あとはぼーっとして、周囲のみんなの後ろ姿を眺めていたのである。すると、突然、すぐ後ろの席の男子生徒が、A子がカンニングしている、と大声を出したのである。たまたまそこを通りかかっていた担任は、確かにA子が不審な挙動をしていた、と思ったので、彼女を立たせて、廊下に出て立っているように言ったのであった。答案は、よって、本来は満点に近い点がとられていたのにもかかわらず、カンニングということで三〇点減点されて六五点と評価されたのである。その評価がわかった翌日から、彼女は学校に出なくなった。A子は、もともと友人が少なく、どうしても一人になりがちであった。その理由は、A子が内向型の性格で、他人と積極的に友好関係を築いていこう、という構えがないことがその大きな原因であった。こうした子どもは一般に他人からはよく誤解されやすく、理解され難いことが多い。

内向型（イントロヴァート・タイプ）とは、一言で言えば、もっぱら自分の内界からくるものに心のエネルギーを向け、外界にほとんど関心が向かない性格で、これは、分析心理学を樹立したスイスの精神医学者にして卓越した心理療法家でもあるユングという人の言い出した性格類型の一つなのである。無論、これに対立するもう一つの性格類型は外向型（エクストラヴァート・タイプ）である。

この概念を提出したユング自身、内向型の性格で、教師によく理解されなかった経験をもつ。ここでは、ユングについてはたった一つだけエピソードを掲げるが、彼が数学を嫌いになったのにはこんな事件があったのである。教師は、ユングがまだ小学校の低学年の頃に、ごく普通に、彼に直角三角形の形をした三角定規を示し、これと同じ形を描いてごらん、と述べたのだったが、ユングはとまどって、なかなか紙の上にそれを描こうとしなかった。なぜなら、彼は、その直角三角形の底辺をどちらに向けるかで迷っていたのである。つまり、最長の辺を下にするか、それとも直角が下に来るように描くかを。先生がじっくりと待って、ユングがいずれにせよどちらかの位置で描きあげるのを待てればよかったのだったが、しかし、教師はそうしなかった。よって、ユングはそれを描けないまま、立たされたのである。無論、評価は五段階評価の最低の1であった。教師は彼が直角三角形そのものが理解出来ていない、と判断したのだった。

本稿では直接的には関係ないが、これは間接的には不登校児を理解するにおいてとても重要な概念であり、かつ、学問的にはきわめて意味深いことなので敢えて書き留めておくことにすると、実は、ユングがこの内向・外向の両性格類型を提出するに至ったのには、大きなわけがあった。つまり、彼がフロイトと袂を分かち、独立した学派を築くことになったのも、このことが一つの大きな理由になっているからである。つまり、簡略に述べると、フロイトのもとでのある研究会で、ヒステリーの症状を示したある女性のケースを理解するのにあたって、当然ながらフロイトは彼の精神分析の理論から、これを説明したのだったが、その高弟の一人のアードラーは、まったく別の理論でそれを説き明かしてみせたのである。ここでは専門的な細かい議論が目的ではないので結論だけ述べると、フロイトはエディプス・コンプレックスの理論で、アードラーは劣等感コンプレックスの理論で、いずれも実に見事にそのケースの症状の成り立ちを説明してみせたのだった。さてここにおいて、ユングは考えたのである。まったく同一のケースを説明するのに、二つの理論が成立する、というのはどういうことなのか、を。彼が到達したのは、フロイトは外向型の性格であるために、そのケース理解にあたっても、彼女のリビドー（ユングはこれを心的エネルギーと理解した）がもっぱら外界の父母に向かい、それらとの関係性に焦点をあてて考えたために、父母との三角関係の象徴としてのエディプス・コンプレックス理論に結実したのであり、一方、アードラーの方は、彼が内向型のために、そのケースを理解するのにあたって、もっぱら彼女の内界のこころの動きに目をつけ、彼女自身の劣等感を克服するためにその症状が出たのだという理解の仕方をしたのだ、という結論であった。つまり、まったく同一の症例を説明するのに、ほとんど全然異なる二つの理論が成立するのは、彼らの世界の見え方、世界に対するエネルギーの向け方が異なっていることによるのだ、と結論したのであった。

実に、この考え方は、フロイトとアードラーという二人の巨人が主張する二つの理論体系が、二つながら正しいことを理論的に証明するとともに、二人が以降離反せざるをえなくなっていったことをも理論的に説明できたのであり、そしてこのことは同時に、ユング自身もこれら二人とは違った道を歩かねばならなくなったことをも示している。

ちょっと回り道が長すぎたかもしれない。ここで再び、A子のことに戻ろう。A子は例のカンニング事件でひどく傷ついたのであった。それは二つの意味で重大であった。一つは、教師に理解されなかったばかりか、まったく見当違いの評価を受ける、という痛手を受けたわけであり、一方、彼女を告発した友人にも誤解されたわけで、よって、教師はもちろんのこと友人との信頼関係をも失って、学校に行けなくなってしまったからである。

さて、彼女の両親はどういう人かをここで描写してみることにする。

A子の両親は、一見どこと言って、とくに問題があるというわけではないのだ。父親は中堅のサラリーマンで、とても誠実な人であり、会社に対しても家族に対しても忠実にその責任を果たしている。といって、ばりばりの仕事人間というわけではない。無論、これまで仕事をサボったことなどは皆無であったが、仕事一途にわき目もふらずに一心に会社のために働く、ということには心は向かない。将来を見通してみれば、いわゆるキャリア組はおろか、学歴のない自分がトントン拍子で昇進していくわけではないことも見えているので、どこかで自分にとって納得できる仕事があったら替わりたい、とは思っている。家族に対しては、三人の娘をもってそれなりの責任を感じており、何とか働きおおせて、三人を立派に嫁にやらなくては、と考えている。

彼は五人兄弟の末っ子で、だから、家を継がねばならぬわけでもなく、ちょうど良縁があって今のX家に婿養子に入ったのだった。夫婦関係はむつまじく、とくに問題があるわけではない。ただ、学歴に関して言えば、自分では本当は大学に行きたかったけれども、実家の経済的な都合で行けず、高校卒で就職せねばならなかった、という生活史上の、いかんともしがたい点があった。しかし、彼は努力家で、こつこつと自分の力で勉強して通信教育で大卒の資格をとったが、会社ではそれを正当に評価してくれなかった。彼は今のところきちんと現在の会社に出てはいるが、実は、きわめてまじめに、本当に自分に合う職場を探していたのである。

母親はといえば、彼女は家付きの一人娘で、本来なら仕事などにつかなくてもいいはずであったが、その母親が彼女の幼児早期に亡くなり、その後すぐに父の後妻に入った継母とどうしてもしっくりいかず、自分自身手に職をつけたい、と自分で選んで看護師の道を選んだのであった。しかし、もちまえの頭の良さと機転の利く如才なさで病院でも評判となり、結婚して三人の子どもを持って、本来なら退職して家に落ち着きたかったが、父親を亡くしたあと、一人残った継母の手前、やはり家にじっとしておれず、ついつい職場が面白いのとで、三回の産前産後の休職以外は仕事を休むことなく、職場に出掛けていた。無論、まだ若く十分に働けた継母は、三人の孫娘たちの世話をしたが、自身が生んだ子たちではないため、どうしても今一歩踏み込んだところで彼女たちの世話をするというわけにはいかず、それはそれで悩んでおられるのが現状であった。

実は、A子とはその後四年にわたってつきあうこととなったが、ここでは端的に、彼女の不登校症状の中核を形成したとおぼしき、あるエピソードについてのみ記すことにしたい。それは、まだ彼女が小学校の四年生の頃のことであった。彼女の家は、先にも記したように、両親が共働きだったから、家に誰もいないことが多く、ある日A子だけが学校が早くひけて家に帰ると誰もいなかった。そこへ、見知らぬ中年の男があらわれ、彼女にいたずらを働いたのである。そんなことが二度もあったという。はじめA子は何をされているか理解できなかったが、とにかく男の異様な雰囲気に、何かよくないことが起こっていると直感し、A子は母親にそれを訴えたのであるが、母親は笑ってとりあわず、A子にとっての一大事を理解せず、彼女にとってショックだったことに自分を守ってくれなかったのであった。

こういうことは、実は日常茶飯によくあることである。A子の母親のとった行動も通常なら別段とりたててどうこういう類いのものではない。しかし、A子自身にとっては、この体験は大きかった。思春期に入ったばかりの頃、もっとも心細く、もっとも根源的な体験をして、もっとも自分を守ってほしい、と願ったときに、母親が守ってくれなかった、というさらに根源的な体験を重ねてしまったからであった。

ここにおいてのA子の内的体験と母親の外的行動とは、実は、先に述べた、内向・外向の二つの性格類型の決定的なすれ違いの典型例とも言えよう。A子はもっぱら彼女のこころのエネルギーは自分の脆弱な自我にのみ向かっており、もっぱらこれを保護し守ってもらえるか否かの一点にのみ、こころの関心は向かっていたに違いない。ところがその結果は上に見たごとくで、たよりとする母親はまったくこの線上に乗ってくれなかったのである。「ああ、お母さんは肝心なところで信用できない」との、確信的な信念をいだいてしまうのはこういった、外的には一見ささいなことによるのであることを知って欲しいのである。無論、外向型の母親にとっては、こころのエネルギーはもっぱら外界に向いていて、おそらく彼女のこころは、隣近所のつきあい、とか、仕事の方に向いていて、とっさのときに、そちらにエネルギーを向けてしまったに過ぎないのである。彼女の心性としてはごく自然なことで、このことがあれほどにA子のこころを傷つけることになったとは、つゆ気づかなかったと言っていいだろう。

ここにおいて、先に筆者が触れた内向・外向の両性格類型の説明が、余分どころか必須であったことが分かっていただけたであろうか。

ついでに言えば、なにゆえA子の母親が外向型を発展させねばならなかったかも、実はこの延長上に理解することができる。ここではそのことだけを書いておこう。彼女は幼くして実の母を失い、すぐあとに入った継母との関係性にもっぱらこころのエネルギーを向けねばならなかったであろうことは想像に難くない。無論、外向・内向というのは、一生変わらない性格傾向ではなく、ときとして、大きな外的・内的な危機に際して交替することもありうるものであることを付け加えておこう。絶対的運命的なものとは異なるからだ。無論、世の中の家族関係をみるのに、ただこの理論だけでみるというのはバランスを欠いたことであることは容易に知られよう。むしろ、こういう切り口からみてみると、理解しやすい部分もある、くらいに考えていただけると幸いである。この考え方は、学校における先生と生徒の関係性をみていくのにも、会社における上司と部下との関係性をみていくのにも一助となるに違いない。

3 B夫の場合

B夫が登校しなくなったのは、高校二年の夏休み明けからだった。夏だというのに風邪をひき、三九度を超す熱が下がらず、頭が重く、ぼうっとするので医者にかかった。近くの内科医院の医者はレントゲンをとり血液検査などもしてくれて、気管支も肺にも別状はなく、単なる風邪にすぎないと言われたが、普通なら一週間もすれば治まると言われたのに二週たっても頭痛と発熱はずっと続き、学校をずるずる休むうち、やがて熱がひき頭痛がしなくなっても、ついきっかけをつかみ損ねて学校に行けなくなったのである。

B夫が私のところに連れてこられたのは九月の下旬だった。彼の第一印象はとても知的でいかにも賢そうな色白の細面の顔立ちで、からだ全体にどこか線が細くいかにも繊細な感じが目についた。ことば遣いはていねいで敬語などの誤用もなく、むしろ現代っ子らしからぬ感じをうけたのである。私にとても印象的だったのは、彼がこんなことをぽつりぽつりと述べたことである。

「学校の先生は、どうすればよい点をとれるかはとてもよく教えてくれる。でも、なぜ人間は生きるのか、生きなければならないかは教えてくれない。そういうことを聞きにいくと、そんなことを考える暇があったら、英語の単語一つでも覚えろ。そしたら、そんなことは忘れる、としか言わない」

「僕の家は代々営んで来た××屋の老舗です。父も母も跡を継げとは絶対に言わないけど、言外にやはり家を継いでほしい、ということが分かる。でも、僕は本当は芸術の道を歩きたい。絵を描くか、音楽の道をとるか、あるいは映画を作ってもいい。まだどういう道かはきめてないけど、自分らしさが出せるものがいい。そんなことでは社会の役にたたない、というのなら、自転車の修理工になりたい。自転車はいいです。なぜなら、自動車だと排気ガスなどで公害を垂れ流すし、第一走るのが速すぎて、道端にスミレが咲いていても気が付くことも立ち止まってそれを眺めることもできない」

彼にとって学校は単なる受験のための技術工場に過ぎず、人生の基本を学ぶ場には見えなかったらしいのである。無論、なかにはいろんな教師があり、残念ながらたまたまそういった教師に出会えなかったにすぎない、と考えたいが、現状は彼の言動は幾分極端にカリカチュアライズされているにしろ、大なり小なり、そうなってしまっているのではないか。とにかく、私はそんな彼が言うところに徹底的に聴き入ることにしたのだった。カウンセリングや心理療法（サイコセラピー）の王道は、こうしなさい、ああしなさいと指示したり、指導したりするのでなく、まず徹底的に聴き入り、ついで本人の意志で立ち上がっていくまでじっくりと付き合うことだからである。

さて、彼の両親はと言えば、私のところに出向いてくださったのは母親だけであったので、母親については視覚的印象を含めて語ることができるが、父親については、彼や母親の語ったところからの類推しかできないことを断っておかねばならない。

母親は、語り口やその物腰などはやや男勝りの印象の、しかし知的でとてもしっかりした美人であった。彼女は、B夫がもし家を継ぎたくないのなら、そして芸術の道をとりたいのならそれは構わないが、何とか学校にだけは行ってほしい、何とかならないものでしょうか、と切々と述べられた。男勝りの印象とはうらはらに、実はとても心配性で、ものごとを先に先にととらえてしまい、B夫の一挙手一投足に対して、つねに半歩先に痒いところに手が届くといった塩梅で、彼の世話をされて来たことが知られたのが驚きだった。

父親は、B夫の語るところでは、仕事一筋で、ひたすら老舗を守っている人だった。ほとんど趣味がないのが玉に瑕で、だから余計に仕事にしか目が向かないのだともB夫は言った。先代の当主であった自分の父親がすごい暴君で、彼に強引に家を継がせたが、実のところは随分長いことその人が強い権利をもっていたので、彼はずっと虐げられたままじっと我慢を強いられており、その意味で、彼は自分の息子には家を継ぐのを強要したくない、との考えはもっていたようであるが、けっして表立っては言わず、それを母親をとおして息子に伝える、というようなコミュニケーション形式がいつの間にか出来上がっていたようである。その実の親との葛藤でうちに秘めた父親の攻撃性は深く潜行してなかなか表面にあらわれず、しかし、それがときとして家族に向かうことがあり、そうしたとき子どもたちは言いしれぬ怖さを感じて、ついついこの父親を敬遠するようになり、余計に彼は孤独となって、ますます仕事に精出すという悪循環が通り相場となっていたのである。

よって家業には両親二人とも関わっておられ、他に従業員が一杯いて、家は忙しかったらしい。B夫は二人兄弟で、二歳年下の妹がいる。妹はといえばいかにも現代っ子で、B夫と違い、友達も多く、明るく、陽気だった。

B夫はそののち私と五年にわたる二人三脚を同行したが、彼は実にいろんなことを私に教えてくれた。本稿ではそれを語るのが主旨でないので割愛せざるをえないので、そのうちの一、二についてだけ触れると、彼の初期の自転車に対する傾倒ぶりは尋常でなく、毎回いろんなカタログを見せてくれたり、自ら描いたいろんな型の自転車を見せてくれた。一口に自転車と言っても、その用途や目的によって実にいろんなタイプのものがあり、変速ギア、三段階チェーン、タイヤの形態からその厚さ細さなど、実にいろんな組み合わせで、何十種類にも分かれていることを、彼を通して私は初めて知ったのであった。また、彼が社会に巣立っていく第一段階として、自転車によるある地方の半島一周旅行があった。この計画は、すべて彼一人によるものであり、まさに自らが牽引車になっての、自分だけでの行動の始まりを告げるものであった。彼は当初は真剣に自転車の整備工になるのだ、と言っていたが、それは果たされなかったけれども、彼の歩みのなかで自転車の占めた位置は実に大きかったし、また深い意味をも担っていたのである。

4　C子の場合

C子は中学二年の春から不登校となって転々とあちこちの治療機関をまわされ、私のところにやってきたときには、すでに高校生の年齢になっていた。彼女にはいわゆる不登校の症状に加えて、ときとして意識を失う発作も加わっており、症状が込み入って複雑であった。どの治療機関もそれらを全体としてみていず、発作は発作、不登校は不登校、その他のもろもろの精神症状や身体症状はそれぞれ別個に扱われ、個々に対応するばかりであったので、彼女自身、自分の本当の問題点をとらえることが難しく、しかも、彼女は当時はなかなか我慢することができず、すぐ我がままを発揮して暴れたりするため、家族もほとほと手を焼いていたのである。

彼女の場合は終始母親が来てくださり、時々は父親も臨床場面に来てくださることがあって、両親とも接することが可能であった。C子には他に、弟と妹があったが、彼らにもある機会にいずれにもお会いすることができたので、奇しくも、私は彼女の全家族を知ったことになる。

彼女の父親は建築関係の技師で、何人かのこころ許せる友人と事務所をもっていた。なかなか閃きが鋭く、奇抜なアイデアが浮かぶのを一つひとつ図面にしていたが、実際にそれが実地の建築になっていく、というのには距離があった。でも、友人たちが彼の現実的な不足を補ってくれており、よって彼らのコンビはお互いがよき補償関係になっていて、事業としてはなんとか成功していた。父親は偏屈ではないものの、頑固なところがあり、こうだと思い込んだら人が何と言っても聞かないところが欠点と言えば欠点であったが、そのかわり、ものごとをあいまいにしないので、仲間の信頼は厚かった。私の印象は、穏やかだが芯のある人、というものであり、人前に出るのが苦手で、ちょっとはにかみ屋の感じが妙に記憶に残っている。何かの拍子にちらっと目を輝かせて上目遣いになったりする表情やその仕草は、C子はこの父親に似たのだなとの印象をもったことを覚えている。

母親は頑張り屋で本当に小まめによく働かれる根っからの働き者で、女性にこの形容をつけるのは本当は失礼かとも思うがなかなかのきかん気で、しかし、とてもきっぷがよく、私の第一印象は、下町の江戸っ子の女性版というものであった。早口で次から次へとまくしたてられる弁舌はさわやかで、しかもなかなか論理的で、かつ、理路整然としていたから、当初私は、この煙に巻かれて、しばしば、C子をみているのか、この母親にお会いしているのか分からなくなることが多かった。

C子は、初め私とラポール（治療関係の原点としての信頼関係をあらわす、一八世紀オーストリアの動物磁気説で名高い医師メスメルの言葉、現在では彼の動物磁気を離れて心理療法一般に使用されている）ができるのに随分時間がかかったが、彼女が書いてくる「詩」がとても興味深かったので、これが私の言う「窓」となって、いつしかラポールもでき、かつ、彼女は徐々に私を信頼するに足る人間である、と評価してくれたようであった。

母親も、彼女自ら、「娘は娘として、ぜひ、彼女の病気を直してほしいけれども、私は私で、自分の性格やら、不眠やらを直してほしい」と途中で申し出られたので、通常は、こうした場合、他の治療者に頼むのが常識であるが、私がまだ病院のクリニックの外来で担当していた頃のことでもあり、当時は来る者は拒まずの姿勢であったから、これも引き受けたのであった。

この母親という人は、先にも述べたように、なかなかのやり手で、どこに勤められても、中途半端にはできない人で、たとえば、市場の野菜売り場に勤められたときには、結局は産地直送の緑色野菜を直接入荷する手筈まで整え、しかも、それをいかに効果的に主婦たちの手に届けるかを徹底的に考えかつ実行する人であったので、当然ながら、当初は店のあらゆる人と衝突する羽目となった。しかし、しばらくたって、それが彼女の私利私欲にのっとったものでなく、真に良い野菜をすべての家庭にいかに送り届けるか、に立脚する彼女もちまえの正義感からきているものであることが理解されると、店長からも期待され重宝される一方、一部の同僚には煙たがられ、嫌われることもあった。

彼女については、ここでは今一つのことだけを記すことにしたい。それは、あるとき彼女が、「仕事は仕事でとっても面白いのですが、そして、それはそれでとってもやり甲斐があるのですが、所詮、被雇い人としての側面があり、雇う側の都合で、せっかくこちらが一所懸命やっても、企業にとって必要でなくなれば、資本の論理で結局リストラの対象にされたりと、浮沈が激しすぎて、自分を入れこむものでない、と気づいたのです。何か私自身の手で、これが私のしたことだ、これが私のしたものだ、というものはないでしょうか」と聞かれたとき、何の気なしに、「それは貴女ご自身が見つけられるものだと思いますが、C子さんのことから考えると、何か創造的なもの、たとえば、短歌や俳句みたいなもので自分を表現してみるのはいかがでしょうか」と言ったのであったが、そんなことを言ったことがあったということも忘れかけていた頃、彼女は一群の短歌をノートに書いて持参されたのであった。

拝見してみて驚いたのは、いわゆる文法的な用字の間違いがあちこちに見られるにもかかわらず、歌としてはリズムが躍動して実に生き生きとしており、かつ、その内容が彷彿とすることであった。

私は、初歩的な誤りが一つならず散見されるので、これは初歩には違いなかったけれど、けっして本当のまったくの初めてとは思えず、思わず尋ねたのであった。すると、確かに、彼女自身としては短歌を作るのはまったくの初めてであるが、彼女の祖母、つまりわがC子からすれば曾祖母に当たる人が、歌の心得があったということが知られたのである。実に、C子の詩も、母親の短歌も、そこに発していたのであった。

5 ここでの結論

本稿では、不登校に対する筆者の治療論である「内閉論」の考え方から両親像をみようとしたものである。この見方は、現在ある治療論の中では中核というより幾分周辺に属するものではあるが、こうした子どもたちの、不登校という表現型が、単に社会的逸脱なり、病気なりとしてネガティヴにのみ見られるべきでないことや、彼らには彼らなりの内的意味が隠されているのであって、その理解の延長上に、こうした治療論が成立しうることを述べた。

かくして、そうした上で、不登校児の両親像について若干の記載をおこなったものである。従来言われて来た両親像、とりわけ父親に関しては、その影の薄さや、存在の希薄さ、母親に関しては、過保護、過干渉、先取り的に世話しすぎて、子どもの自立を妨げている、すべてを呑み込む陰性太母的な母親像などといった、諸類型が報告されてきている。それらの類型に比して、筆者のここに描写した両親像は、それらと若干重なる部分もあったかもしれないが、むしろそういうふうに、類型化してもあまり意味がないことが分かっていただけたであろうか。むしろ、一つひとつのケースにおいて、そのケースの歴史性や環境被影響性、あるいは関係性の関わりのなかでの心理力動など、幾多の要素を考慮しないことには問題の本質が見えてこないことが、ここにあげた三つの事例からも、言えるのではないかと思われるのである。よって、従来よく言われたような、一面的な見方のみならず、多面的な、そして家族を全体として見つつ、かといって、やはり他の側面からみれば一面的でしかありえない現在流行のシステム論的家族療法からの見え方とはまた別個の、有機的連関をみていかねばならないのだと考えているのである。その一端として、ユングの取り出した内向・外向の性格類型の違いが、互いに相手を理解するにあたって、微妙なズレを生むことがありうることについて、一部描出してみた。こうした見方は、単に親子関係のみならず、教師と教え子たちや、会社の上司と部下の関係性にも応用できる部分があると思われる。さらに、触れておかねばならないことは、こうした不登校を示す子どものご両親のうち、いずれかでも、あきらめずに、ずっと通ってくださった事例は、いずれの場合も、彼らが学校に復帰するか否かという点ではなくて、彼らなりに納得できる生き方を見つけていかれた、という点に注目すれば、ちゃんと、生きる方向を見いだしていったのである。つまり、家族の中に、誰か見捨てない人がいる子どもは、やがては、ちゃんと立ち直っていくのであり、子どもがそうした自立を見せはじめると、ご両親も、その本来の生き方を模索していかれた、ということである。

さてここでは、これからの新しい考察を導くための予備的な記述の段階に止めたが、今後これについてさらに理論的、かつ、実践的に考察を進めていきたいと思っていることを述べて、本章をひとまず閉じることとする。

第5章　子どもの問題行動をどう理解し対応するか

1　はじめに

このところ、いじめに纏わる自殺があいつぎ、子どもの問題行動に対していかに関わるかが焦眉の急になっている感がある。とくにこれらをどう理解するのか、が問われているのである。この論題に対しては、筆者には以前、『問題児・問題行動』（文献89）の編著があり、そこにおいて「問題児・問題行動論」なる論文を書いたことでも知られるように、いくつかの一家言がある。そのなかでももっとも重要なことの一つは、「子どもの問題行動一般があるわけではない」ということであり、「問題」とする立場や解決の方向性の方こそが問題なのであり、「一人ひとりの子どもの将来」を考えての対応こそが希求されるのであって、それが抜けた一般的な対応は意味をなさないどころか有害ですらある、という視点であることは言っておかねばなるまい。

さて、時代的様相が変化してきたなかで、子どもたちの示す問題行動が深刻化し、度重なる自殺問題を中心として、実際に教師としてどう対抗したらよいか戸惑うケースが多発していることもまた事実である。またとくに、一九九五年以降当時の文部省の肝煎りで導入され、年々さらに増強されたスクールカウンセリング制度をめぐっての諸々の問題が山積している現状が眼の前にある。今回はそうした問題にも焦点をあてて考察してみたい。以下にそれらのうちの一端を開陳してみよう。

2 問題行動は状況との関数である

さて、先の「問題行動一般があるわけではない」ということの一つとして、「問題」とする教師の立場こそが問題とされることがあるわけで、たとえば、あるクラスに「反抗」がとてもはげしい児童生徒がいた場合、その反抗がどこに起因しているのか、何に向けてのものであるか、の考察なしに問題とすることはできない。誤解をさけるために極端な例をあげれば、教師自身が子どものこころの実情に無関係に極端に抑圧的にしゃにむに規則ばかり押しつけているような場合があったとすれば、そうした体制に反抗する子どもこそが真に健康な子どもであることは誰にも明らかであろう。

筆者が実際に体験したある子どもの場合、彼は高校生だったが、担任教師の言うことにいちいち反抗し、その教師の言うことを聞こうとせず、ストライキと称して学校に登校することを何回か拒否したため、「札付きの問題生徒」ということで「停学処分」にされかかったことがあった。

登校拒否と一般に言われるもののほとんどはこのような純粋な意味での「拒否」ではなく、大部分はいわゆる神経症性のものや、昨今目立つアパシー（無関心、無気力、無感動、無快楽）傾向の強い内閉的なものがほとんどであるので、最近は「不登校」という現象や状態を客観的に端的に表現する言葉が選ばれるようになっているが、この生徒の場合は、明らかに、「拒否」であった。よく調べてみると、その教師は生徒に、スカート丈やズボンや髪の毛の長さはもちろんのこと、靴や帽子やメガネのつるの色まで規制していたが、この生徒の履いていた運動靴の色やかけていたメガネのつるの色が派手であると称して、みんなの面前で、黒マジックをもって靴とメガネのつるを黒々と塗りたくったのであった。怒ったこの生徒は翌日からくだんの反抗的行動をあらわすようになったのである。問題発生の根源は教師の行き過ぎた規制にあったのであり、問題生徒の問題行動こそが唯一の健康な反応であることは誰の目にも明らかであろう。

もちろんこうした例は極端であり、例外的であることを承知でここに書いているのであるが、この例で明らかなように、「問題行動」というものは、「状況との関数」なのであり、必ずしも、問題行動一般があるのでないことが分かってもらえればということで選んだ例であるにすぎない。

一方で、こうした「個々の異常現象」を一つひとつ詳らかにしていくという視点とはまったく逆に、社会文化現象の総体としてみた場合の考え方も必要なのである。その端的な例が、昨今の「不登校」が全国津々浦々で多発しているということの意味についてであることも異論なかろう。一つは、「学校」のおかれている現状に重大な「異変」がおこっている可能性であり、おなじく、「家庭」のおかれている現状における同質の問題が設定しえよう。つまり、「不登校」は学校や家庭の「不健康さ」のあらわれであるのではないか、との視点も必要となってきているのである。

3 昨今のいじめ問題とその対策について

昨今のいじめ問題の深刻化はまさに驚かされるばかりである。これからの可能性が一杯つまっているはずの年若い児童生徒が、なにゆえにあれほどまでに急いで命を捨てねばならないのであろうか。この問題は実に看過できない重大な問題であると思うのは筆者ばかりではあるまい。

以前、文部省（当時）に提出されたいじめ対策緊急会議の答申の基本的立場は次の五つに纏められる。

⑴「弱いものをいじめることは人間として絶対に許されない」との強い認識に立つ。

⑵いじめられている子どもの立場に立った親身の指導を行う。

⑶いじめの問題は、教師の児童生徒への指導の在り方が問われる問題である。

⑷関係者がそれぞれの役割を果たし、一体となって真剣に取り組むことが必要である。

⑸いじめは家庭教育の在り方に大きな関わりを有している。


これらはそれぞれ尤もなことばかりでこれそのものには異論はない。しかし、細目をよく読むと、慎重に考えてみなければならぬ重大な問題が含まれている。そこには、

⑴「いじめはいじめる側が**悪い**のだという認識に立ち、毅然とした態度で臨むことが必要」であり、「いじめは**卑劣な行為**であり、人間として絶対に許されない」という自覚を促す指導をおこない、「その**責任の所在**を明確にする」ことが重要である。「**社会で許されない行為**」は子どもでも許されない。

⑵「従来、一部にいじめられる側にもそれなりの理由や原因があるとの意見がみうけられることがあったが、いじめられる側の責に帰すことがあってはならない」

⑶いじめを傍観したり、はやしたてたりする者が存在するが、こういった行為も同様に許されないとの認識を持たせることが大切である。


ということが書かれている。私の解釈では端的にその骨子は次の三つに纏められる。すなわち、大胆

に纏めれば、

⑴いじめは「犯罪」であり、これは無くさねばならない。

⑵いじめられる子どもの方に責任を帰さない。

⑶いじめに直接加担せずとも、傍観者もまた加害者である。

ということになるのではないか。

もちろん、こうした鷹派的な強硬な答申が出て来た背景をみると、従来のいろんな試みが何ら功を奏していない、ということや、後手後手のあいまいな対応や百家争鳴の現状に業をにやしてのものであったことは理解できる。しかし、この対策で本当にうまくいく可能性があると言えるのか、という筆者は大きな疑問を呈さざるをえないどころか、反論すらせねばならぬとの考えがある。

まず、いじめは犯罪である、との視点（無論、答申そのものに犯罪なる言葉は使ってないが）であり、だから、これを無くそう、との発想についてである。確かに、子どもを自殺にすらおいこむ事態が多発しており、中には数万円の金品を脅し取っていることもみられるわけで、それらを断じて許すことはできないことは筆者も同感である。

確かに、単に「いじめ」というと日常性のなかに看過されてしまいがちだが、「犯罪」となるところは由々しい事態である。だから、そういう態度で毅然として臨めば、実際の「犯罪」行為そのものは、従来軽く思われがちであったので、少しは意識されるであろうし、その線上では、少なくなる可能性も否定できない。だが、いじめを犯罪と考えるなら、今でもただささえいいとは言えない教師と児童生徒との関係性は、ある種の教師には子どもが、犯罪者予備軍として見ることとなるわけで、ますます悪化することが目に見えるからである。それに、「いじめをなくそう」との発想が上からくる場合、管理者としては当然いじめ件数の減少が問題となるであろうから、いじめの内実や、その本当の解決を求める対策よりも、いじめの認知の仕方が問題となっていく可能性がある。つまり、管理する側からみれば、とくに自身の昇進や勲章などがひっかかっている場合、いじめの数が多いことはマイナス要素となると判断されるわけで、この程度ならいじめとみないなどといった、いじめの定義の方が変動して、その線上で、報告されて数そのものは減る方向になっていくだろうが、その本質はかえって潜伏することとなるため、今よりも解決は難しくなるのである。

それと、そもそもこの発想は、従来の「児童福祉法」や「少年法」の根本精神を根元から否定することにならないか。確かに、一部の凶悪な犯罪に走る少年たちを、「少年」ということで保護することがかえって余計にその犯罪傾向を助長することがあったので、その意味において悪法だと言われた部分もあったかもしれないが、根本的には、彼らをいまだ成長過程にある存在とみて、法の裁きから少年たちを守る姿勢を強調する意味の方が大きくあったはずである。それを、教師自体が、子どもを犯罪者としてみていく態度は、どうしても、その考え方に立脚してしまい、ゆったりと子どもの可能性の発現を待ちながらみていくのでなく、ただささえ即物的かつ非情緒的になってきている教師と子どもとの関係性をさらに悪化させる危険性の方が高いのである。

4 真になさねばならないことは

さて、だとすれば、筆者の根本的な考え方を述べねばなるまい。一言で言えば、いじめが出て来ている背景こそが大切なのであり、単にいじめだけを突出させて取り扱っても意味がない、ということがまずある。そして、その背景として、「家庭」「学校」「社会」の三つの次元で、それぞれに解決すべき問題がある、とみるのである。次に順次取り上げて論じていこう。

まず、「家庭」段階においては、昨今の家庭における親子の間での、真の「人間的対話」の欠如こそがもっとも大きな問題としてあげられる。その前提としての母子関係における「情緒的な甘え」のゆったりとした充足が必然的に必要なのである。そして、それに立脚して生じてくる、「安心感」や「信頼感」の醸成こそがもっとも大切な要素なのである。そして、その線上で、しっかりした父子関係において「責任制の裏打ち」ある毅然とした善悪の判断の根拠となる体験こそが必要となるのである。現今のいじめをふくむ幾多の問題状況をつぶさにみると、まず、これらが根本的に不足していることが問題とされるのである。しかもこれらもっとも基本的なことが、きちんとなされていないばかりか、何といずれもが、学校教育の場へと持ち越されて、そちらの方に責任転嫁されてしまっている点こそが、次の「学校」次元での問題をより複雑化させていると言えよう。

ついで、「学校」であるが、私のクライエントがいみじくも語ってくれたことは、「先生はどうしたらいい点をとれるか、は教えてくれるが、どう生きたらいいのか、何のために生きなければならないのか、は教えてくれない」であった。学校場面で真に必要なのは、教師と子どもとの間で、真の「人格的な出会い」が経験し得るか否か、なのである。人生の師として、その一つの手本として、一途さ、あるいは、確固たる信念といったものを、どう子どもたちに伝えるか、学問やいろいろな方面への興味、関心を子どもにもちうるように指導できるか否か、また、一所懸命に生きる姿が示しうるか否か、親とはひとあじ違った客観性を示しうるか否か、などこそが教師に要求されるのであり、指導要領のいい消化や子どもの選別などがその仕事なのではない。とにかく、子どもに信頼され、憧れられる教師になってほしいのである。それには教師自身が生きる意味を見いだしていることが前提であり、教師自身が真剣な眼差しと目的性とを取り戻さねばならないだろう。

そして、「社会」である。地球環境や宇宙環境のもろもろの問題の、人間だけではない視点に立っての点検と保全、社会制度やもろもろの組織の見直し。文化の在り方、政治の在り方、経済の在り方の徹底的な再点検。各国家や民族間の問題の徹底した討論と調整、などなど二一世紀に向けてしておかねばならないことは山積している。一人ひとりの幸福の追求とならんで、社会全体の幸福が、いかにしたら追求しうるかを考えねばならぬのである。自分が楽しければ何をしても許されるかというとそうはいかない。その際、大切なのは、誤った平等主義（筆者はこれを悪平等と呼ぶ）とは違う、一人ひとりの「違い」を認め、各人に見合ったかたちでの「差異性」をいかに最大限認めて、個々の生き方を最大限個々に追求しながら「全体のバランス」を考えていけるかであろう。みんなおのおの一人ひとり違っていていいのであり、みんな同じことをしなくてもいいのである。顔も違えば氏素性も違うのであるから、それぞれ違った考え、違った目標がもたれて当然であろう。しかし、それぞれが、おのおのの持ち分において自分の「責任性」を果たせるようになれば、自分が自分であると公然と主張できる「アイデンティティ」をもちうるはずであるし、そうすればおのずから「他者の人格」が認められるようになるはずであろう。宮沢賢二のかかげた目標はそのまま筆者の目標と重なるのである。

いじめや問題行動と一見まったく関係ないかのごとき議論になったが、そうではない。こうした根本的なことが今一度みなおされ、実践されるようになれば、そもそもいじめや問題行動など生じはしないのだから。

5 「自殺」問題について

過日、名古屋のある講演会場で、映画監督で小説家の椎名誠氏と対談する機会があった。その際述べたことでもあり、彼も強調した点でもあるが、最近の「子どもの自殺」に対しての率直な感想と対策について若干述べる。

このごろの子どもの「安易すぎる死」をみると、彼らが本当に「死」の意味を知っていて自殺に走っているとはとても思えない。彼らは、確かに追い詰められ、死ぬしかない、というかたちでどん底に落ちて行くのであるが、その残された遺書や発表された遺書を読む限りでは、「死」の真の怖さ、悍《おぞ》ましさ、醜さ、汚さ、などの意味をまったく分かっていないことが知られるのである。極端な言い方に聞こえるかもしれないが、筆者には、彼らが、テレビやマスコミ、あるいはマンガやアニメ、ファミコンの中で、いやというほど多くの「偽の死」を見過ぎていながら、(死はほとんど病院の密室の中に取り込まれてしまったために)畳の上で苦しみながら死んで逝く「本当の死」をほとんど体験していないため、いわゆるバーチャル・リアリティの延長上に、死んでも簡単に生まれ変われる、と信じ込んでいるフシがあるのではないか、とすら思われるのである。一方で、新聞やテレビの報道の仕方は、まるでこういうふうに死ぬと英雄のように扱われますよ、と言わんばかりであり、どうみても

「自殺」予防どころか、推奨しているとしか思えない、というのが椎名氏と完全に一致した意見なのであった。死の教育、死の惨たらしさ、死の悲惨さをこそ徹底して教えるべきなのである。奇麗事ばかりならべて、自殺した子どもの死をいかにも悼むかのごとくみせながら、本当はそれに拍車をかけているのはマスコミ自身であることを知り反省するべきなのだ。

6 おわりに

子どもの問題行動に対して、抑圧的、支配的に接するのでなく、そこに訴えられている真の意味は何か、といったん立ち止まり、その意味するところを考えて対応していける教師や親になってほしい、というのが筆者の願いなのだ。すでに二一世紀に入っても、同様な状況が依然進行している昨今、彼ら子どもたちに、真に明るい未来をもてるように、われわれ大人がしなければならないことは多いと思われる。

第6章　学校の心理臨床における精神医学的問題行動への対応

1　はじめに

学校の心理臨床において、精神医学的な問題が発生してくることは、そんなに多いことではない。しかし、学齢期はちょうど思春期という時期を真ん中に挟んでおり、いわゆる精神疾患にとってはその好発期なのであるから、この時期に起こりやすいものであるし、その時にはできるだけ早い時期に、専門家（精神科医や臨床心理士など）のところに連絡をとり、専門家に委ねた方が、実は、本人にとっても、また、周囲にとっても都合がよいことが多い。偏見にとらわれていて、時期を逸すると、とんでもない長期にわたっての入院を余儀なくされることもあるのだ。一般論のみでは何の役にもたたないので、筆者は一計を案じて、重点的に、たった一つのことのみを詳しく述べることにする。

つまり、精神医学の中ではもっとも重篤といわれる統合失調症をとりあげ、その診断に関わることについて述べておくことにしたのである。それは、この疾患は、かつて恐れられたような、不治の疾患でもなく、また、世間巷間ではよく誤解されて、粗暴で犯罪と直結しているようなイメージをもたれているが、実は意外とそうではなく、かつ、早期に発見されれば、ちゃんと立ち直ることのできる疾患だからでもある。

とはいえ、どうしても、もう一つ触れておかねばならないことは、鬱病者への関わりの在り方についてである。これは、よく、登校拒否児の中に混じっており、適切な対応を誤ると、しばしば死に至ってしまうことがあるからだ。鬱病者の症状は、基本的に、抑鬱感情でこれは朝方に多く、夕方になると落ち着くことが多い。いらいら感、くよくよしたり、後悔したり、自分自身の身の上にとんでもないことが起こっただの、取り返しのつかない酷い悪いことをした、と嘆き悲しむ。この年齢ではしばしば、感情の起伏が激しく、よく泣いたり笑ったりする。よく口が渇き、唾液も、汗も、尿もなかなか出ないといった身体症状、とりわけ、自律神経失調の症候が目立つ。さて、この疾患で家族や周囲にとってもっとも大切なのは、「励まさない」ことなのである。よく、間違って、「頑張れ」とか、「しっかりせよ」と励ましているのを見かけるが、それは、彼らに余計苦しい事態を押し付けることになりかねず、いわば、「死ね」と言っているに等しいのである。同情も、また、妙に訳知り顔に細々と世話するのも、いずれもご法度で、たんたんと、しかも、見捨てないで、じっくりと見守っていくことが肝要である。

2 「統合失調症」という病い

さてここに、統合失調症とはどんなものかについて簡単に述べておこう。こんな疾患名聞いたこともないという方もおられようが、実はこれは前世紀の間中は「精神分裂病」と呼ばれていたものである。が、世紀の変わり目の第99回日本精神神経学会において、「統合失調症」というふうに改名されることとなった。精神分裂病とは、いかにもおどろおどろしい名前であり、また、差別語ともなっていたからである。これは、さらにその前に、ほんのちょっとの間だけではあったが、「精神乖離症」とも訳されたことのある疾患であるが、これらの原語はいずれもただ一つ「Schizophrenia（スキゾフレニア）」であり、スイスの精神医学者ブロイラー（Bleuler, E.）が一九一一年に命名したものである。彼は、歴史的に、Assoziationslockerung（連合弛緩）、Autismus（自閉）、Ambivalenz（両価性）、Affektverbloedung（感情鈍麻）の［四つのA］をその診断基準としたが、それらは、あまりに抽象的すぎて、理論的に考えるよすがとはなり得ても、現実の役にはたちにくい。

わが敬愛する元京大精神科教授で精神病理学者の木村敏は、これを、「個別化の病い」と呼ぶ。つまり、「自己になりそこねた病い」というわけだ。これは通常、人が人を初めて好きになるといったような、自己をあらわにせねばならぬ事態においてあらわとなることが多い。元名古屋大学教授の精神科医笠原嘉は、これを「出立の病い」という。つまり、「人間としての自立に失敗したすがた」なのである。前神戸大学教授の精神科医中井久夫は、これを、「生きる時代を間違えた人間」であるとする。つまり、原始、人間が恐竜に食われる時代には、むしろ誰よりも早く危険の接近の兆候をつかんだ彼らは、もっとも繊細過敏な人類の守り手として重宝されたのが、現代では無用のものと誤解され、「病気」として病院に閉じ込められた、と。

さて、かくして筆者は、「現代にあっては、とても生きにくい、生きるのにきわめて不器用な人たち」とみる。しかし、もっと現実的に診断基準をあげるとすれば、典型的には国際分類のＩＣＤ-10（一九九二、文献77）があげられよう。［なお、ＤＳＭ-Ⅳといって、アメリカ精神医学会による診断基準も日本ではよく用いられているが（文献4）、ここでは割愛した。］

3 国際分類（ICD-10）による診断基準

少しく専門的すぎるかもしれないが、現在の国際分類のＩＣＤ-10をひもといてみる。通常、統合失調症と診断されるには、以下のいずれかが認められる、とされる。

(a)思考化声（考えが声になって聞こえる）、思考吹入（考えが勝手に入ってくる）、思考奪取（考えが取られる）、思考伝播（考えが伝わってくる）。

(b)支配される、影響される、抵抗できない、という妄想（日本やドイツでは、これをGemachtes Erlebniss「させられ体験」とか、「作為体験」と呼んでいる）で、身体や四肢の運動や特定の思考、行動あるいは感覚に明らかに関連付けられているもの、および、妄想知覚（例、この縄は自殺せよとのサインなのだ、と直感する）。

(c)自分の行動に絶えず注釈を加えたり、仲間たちの間で自分のことを話題にしたりする幻声、あるいは身体のある部分から発せられるという幻声。

(d)宗教的あるいは政治的な身分、超人的な力や能力といった、文化的に不適切で、まったく不可能な、持続的な妄想（自分は天候をコントロールできるとか、別世界の宇宙人と交信しているといった類い）。

(e)いかなる種類であれ、持続的な幻覚が、明らかな感情的内容を欠いた浮動性の妄想か部分的な妄想、あるいは、持続的な支配観念を伴ったり、あるいは、数週間か数カ月間、毎日持続的に生じている。

(f)思考の流れに途絶（思考の突然の中断）や挿入（突然まったく別個の考えが入り込む）があり、その結果、まとまりのない、あるいは、関連性を欠いた話し方をしたり、言語新作（自分流に勝手に作られた言語）がみられたりする。

(g)興奮、常同姿勢、あるいは、蠟屈症（蠟のように動作が固まってしまう）、拒絶症（何をするにも拒絶する）、かん黙、および昏迷（外界からの刺激は入っているが、自発的には何も言えず、ぼーっとしている）などの緊張病性行動異常。

(h)著しい無気力、会話の貧困、および情動的反応の鈍麻、あるいは不適切さのような、いわゆる「陰性症状」。

(i)関心喪失、目的欠如、無為、自分のことだけに没頭した態度、および社会的ひきこもり、として明らかになる個人的行動のいくつかの局面の全般的な意志異常を中心とする状態にみられる、著明で一貫した変化（しばしば、男性では、髭も剃らず、女性では生理の始末すらしないことが多い）。

上記の、(a)から(d)までのうち、いずれか一つの症状を示す場合。あるいは、(e)から(i)までの少なくとも二つが、一カ月以上持続するとき「統合失調症」と診断される。

さて、その上、統合失調症には、以下のごときサブタイプ（亜型）があり、それらは、⑴妄想型、⑵破瓜型、⑶緊張型、⑷鑑別不能型（分類困難）、⑸統合失調症後抑鬱、⑹残遺型、⑺単純型などに分けられる。そのうち主だった三つについて簡単に触れておこう。

⑴妄想型：妄想（いくら他人に訂正されても本人は訂正できない考えを妄想という）が顕著で、幻覚とりわけ幻聴を伴う。

妄想の内容：被害（自分は何ものかに狙われている、被害を被っている）、関係（本来は関係ないものやことに関係があると思い込む）、高貴な生まれ（皇族とか、皇帝とか）、特別な使命を帯びている（偉い人に重んじられている、重大な任務を命令されている）、身体変化、嫉妬など。幻聴：誰かが自分を脅したり、命令したりしてくるという幻聴、または口笛、嘲笑などの非言語的幻聴。ほかに、幻嗅、幻味、性的、身体感覚的幻覚、幻視が出現することもあるが稀。

⑵破瓜型：感情の変化が顕著。行動は無責任で予測不能。わざとらしい。気分浅薄で不適切。しばしば空笑（何もおかしいわけではないのに突然笑う）。高慢な態度、しかめ顔、思考の解体、一貫性を欠いた会話。思春期、成人初期に限る。病前性格：多少内気で孤立しがち。

⑶緊張型：(イ)昏迷（周囲に対する反応性の著明な低下、および自発運動や活動の減退）、あるいはかん黙、(ロ)興奮（明らかに無目的な活動で外的刺激に影響されたものではない）、(ハ)保持（不適切あるいは奇異な姿勢を自発的にとり、保持する）、(ニ)拒絶症（自分を動かそうとするあらゆる指示や意図に対し

て、明らかに動機を欠いた抵抗を示したり、逆の方向に動いたりする)、(ホ)硬直(自分を動かそうとする努力に抗して、固い姿勢を保持する)、(ヘ)蠟屈症(外的にとらされた位置に手足や身体を保持する)、(ト)命令自動症(指示への自動的な服従)および、単語や語句の保続。

以上(イ)から(ト)までのうち、一つ以上が臨床像を支配していること。

といった具合に、細かく細分されているのであるが、いかなるものを精神科医は統合失調症と呼んでいるか、の一端は伝わったであろうか。とにかく、彼らを変に偏見の目でみたりすることなく、現代にあっては、これは手当さえよければ、彼らなりに生きていかれるところまではいける疾患(「三分の二は治りうる」ブロイラー・M、文献7)であるので、なるべく早期に精神科医なり、臨床心理士なりの専門家に委ねることが肝要なのである。

4 学校段階での彼らの発見の仕方について

さて、上記に掲げたのは、統合失調症の診断基準であるが、いかにも多彩で、一見華々しいかのごとく感じた読者が多いのではないだろうか。ところが、それが間違いのもとなのである。実は、学校段階での彼らは、これら一見多彩とみえる状態像の、ちょうど正反対の位置を占めることが多いからだ。つまり、彼らは、学校では、恐らく、もっとも目立たない、もっとも教師や他者の目から遠い存在であることが多いのである。筆者はかつて、『問題児・問題行動』（文献89）という本を編んだときに触れたことであるが、ある大学の専攻科での授業の際のもっともベテランの教師の述懐が忘れられない。つまり、「教師にとって、とても目立ついわゆるワルたちの非行群は、教師自体はいろいろ苦労させられるけど、彼らは目立つので、発見するのには苦労は要らないし、一〇年たったら、実は彼らはそれなりに生きていく強さがあるんですね。教師として一番反省させられるのは、われわれの目に留まらなかった一群なんですよ。彼らは、何の痕跡も残していない。つまり、我々からすっかり忘れ去られている。ところが一〇年後をみると、彼らは精神病院に入っていたり、いつまでも自宅から出て来れなかったり、といった、一番目をかけないといけない人たちだったんですね」

この言葉のもつ意味は大きい。つまり、彼らの発見の方法は、逆説的なのだ。一つヒントを出そうか。一日の学級運営や養護の仕事を終わって、いろいろあった生徒たちの名を思い出していって、思い出せる人の名を名簿から消していくのである。毎回、いつも思い出せない名として名簿に残る生徒が、実はその対象児なのだ。無論、普段の彼らはそのように、教師や他人の目に留まらない、という在り方をとっているのであるが、発病の時点では、逆転して、とっても奇矯な行動に出たり、おかしなふるまいをしたり、という形であらわになるのである。この彼らが「影のごとく、目立たない」という形で仮の安定操作をとっている際に、それとなく声をかけられ、彼らの存在が見えるようになってくれば、実は、彼らは発病しなくてすむようになっていくのである。この二重の逆説こそが、統合失調症の秘密の一端なのである。

第7章 箱庭療法とその観点からみた遊戯療法

1 箱庭療法

箱庭療法がスイスから日本に導入されたのは一九六五年のことであるが、これを導入した河合隼雄教授が、きわめてすぐれたユング派の心理療法家でもあったために、しかも、彼のいわば二〇年先を見通した周到な配慮により、実に慎重に基礎から浸透することが可能となったので、この治療法はわが国においてのみならず、今では日本が再起点になったかたちで一九八二年にスイスのツォリコンで成立した国際学会を通して世界に拡がることとなり、米、英、独、伊、加、スイス、オーストリー、韓国、ブラジル、中国、台湾などに浸透しつつある現状である。筆者は二〇〇四年二月には韓国のソウル女子大学で金有淑教授に招かれての三日間の集中講義、同年一〇月末には、台湾の台湾砂遊（箱庭療法）学会梁信恵理事長に招かれ、台北師範大学で河合隼雄・樋口和彦両教授と筆者の三人が、やはり三日間にわたる教育講演セミナーをもった。韓国・台湾いずれも、日本の一九九〇年代前半の状況であったが、むこう一〇年で追いつきそうな形成であった。

さて、一九八五年には日本箱庭療法学会が設立され、二〇〇四年には広島国際大学での第18回大会を迎え、今や会員数は一三七〇名を数え、その機関誌『箱庭療法学研究』も、すでに第一八巻第一号を発行しており、この雑誌は必ず欧文の論文を少なくとも一編は載せてきていて、今では世界各国からの投稿が見られる現状となっていることからも、筆者の述べていることが事実であることが知られよう（因みに筆者はその理事長で、かつて編集長であった。アメリカの雑誌 *Sandplay Therapy*、ドイツの雑誌 *Sandspiel Therapie* の二誌についても、河合教授とともに編集顧問を務めている）。

さて、遊戯療法との関連で述べると、箱庭療法が導入される以前の遊戯療法と、以後の遊戯療法とでは、明らかに質的な差異が生じている、というのが筆者の偽らざる印象である。ここでは、箱庭療法と遊戯療法の関連のみならず、遊戯療法の歴史のなかで箱庭療法の果たした役割についても言及しておきたいと思う。

2 「箱庭療法」という名称

箱庭療法とは、スイスのユング派の流れを汲む心理療法家のドーラ・マリア・カルフ女史（Kalff, D. M. 一九〇四〜九〇）の創始した心理療法で、英語では「サンドプレイ・セラピー」（sandplay therapy）と呼ばれている。本法はもともと、カルフ女史の原著*Sandspiel, seine thrapeutische Wirkung auf die Psyche*（初版一九六六、文献26）では、ドイツ語の「ザント・シュピール」（Sandspiel）直訳すれば、「砂遊び療法」が名称として用いられたが、河合は卓抜にも、この方法が日本古来の箱庭を思わせることから、その邦訳では「箱庭療法」と名付けたのであった（一九七二、文献26）。彼が一九六六年に本邦で最初に発表した論文、「箱庭療法（Sand-Play Technique）――技法と治療的意義について」では、この「箱庭療法」というテクニカル・タームが文献上初めて用いられており、同時に、英語では、上に見られるとおり、サンドプレイ・テクニックという語が充てられていた（文献28）。

ちなみに、一九八二年にスイスのツォリコンで第1回の国際学会が開かれたとき、この治療法の国際名称をどうするかの議論の際、カルフ女史が一時は、Hakoniwa therapyにしようか、との意見を出したほどであるが、河合や筆者は、Sandplay therapyとごく普通の名詞を使った方が、内容も一遍に理解されていいし、その方が国際的に通用しやすいと、むしろ、その提案に驚きかつ嬉しかったが、幾分遠慮して、こう名付け、それが決定されたのであった。以来、わが国の学会機関誌も、米国の機関誌も、そして、国際学会名（International Society of Sandplay Therapy　略称ＩＳＳＴ）にも、この英語名称を正式に用いることとなっている。

3　箱庭療法略史

簡単に箱庭療法の略史を記述しておこう。

本法の淵源はイギリスのローウェンフェルド（Lowenfeld, M.）の「世界技法」（The World Technique, 1929）にさかのぼる。彼女は、英国のクライン（Klein, M.）派に属する女流精神分析学者で、砂箱に幾多の人形や玩具を用意し、子どもの内的世界を具現化する方法として考案したのであったが、その解釈はあくまで精神分析的なものに基づき、治療法としてよりは、むしろ子どもの内的世界を知る診断法として用いられていた。ちょうどユングに勧められて、ロンドンに留学していたカルフは、タヴィストック（Tavistock）での児童臨床の経験と、このローエンフェルドの方法とをスイスに持ち帰り、スイスでの治療実践を通して、これを精神分析ではなく、ユング心理学的に理解する方法で、しかも、治療法として創始したのであった。やはり、ちょうどカルフ女史が治療実践を重ねている頃、スイスのチューリヒのユング研究所に留学していた河合隼雄は、これを見るなり、この方法は、言語化の苦手な、しかし直感的には優れた把握をする日本の治療家にもってこいであり、それに何より、しいて言語化しなくても治療できるのであるから、子どもたち自身にとっても格好の治療法であると直観したのであった。ユング研究所で日本で初めてのユング派分析家資格（カルフ女史自身には、いろんないきさつでこの正式資格が与えられなかった）をとった河合は、一九六五年に帰国するとすぐ、この方法を京都市カウンセリング・センター（現、こども相談センター　パトナ）で実践し、そこにカウンセリングを学びにきていた面々に直接指導し、この方法の基礎を固めたのであった。

一方、カルフ女史自身の著書も一九六六年に出され、筆者らはすぐにこの翻訳にとりかかり、早期に訳稿が完成していたにもかかわらず、河合はこの翻訳出版を見合わせていた。そして、一九六九年に、河合を編者として、『箱庭療法入門』（文献30）が出版された。河合はそこにおいて、箱庭療法がクライエントの内的なイメージを取り扱い、すぐれて治療的であること、また、イメージのもつ直接性、集約性、象徴性などについて語り、解釈はなくともよいが、治療者が側についていることの重要性を強調したのであった。今から考えてみれば、カルフ女史の原著は、彼女がユング研究所で資格を拒否されたことへの反発からか、より学術的な色彩を前面に出さざるをえず、幾分解釈に傾きすぎたきらいがあったのを、河合は、そうした方向性が先に出版されることは、本法の普及にとって望ましくない、との判断をもっていたのである。

この河合の思惑どおり、解釈なしに、とにかく、治療者が側にいて見守っているだけで、あちこちから、素晴らしい症例が報告されるようになった。河合は、京都を中心に研究会を盛んにもち、カルフ女史をも何度か招いて、この治療法の普及と深化に努めていったのである。カルフ女史のはじめての来日の際、筆者はケースを出すことになり、後に『少年期の心』（文献82）で世に問うた、「口無し太郎」（後で詳しく語ることにする）の症例を出したのである。

前掲のわれわれの翻訳書も世に出て（一九七二）、彼女の持論である、「自由にして保護された空間(frei und geschuzende Raum, free and protected space)」や、「母子一体性(Mutter-Kind Einheit, mother-child unity)」なる概念が定着していった。

その後、河合と筆者とで編集した『箱庭療法研究』書が、一九八二年から一九八七年にかけて三冊出されて、本法による症例研究も盛んに進展していった（文献32）。

そしてそれから10年ほどの間に、河合と哲学者、中村雄二郎との共著『トポスの知——箱庭療法の世界』（文献33）や、岡田康伸による、彼の博士論文をまとめた『箱庭療法の基礎』（文献54）、さらに、その発展としての、『箱庭療法の展開』（文献55）、やはり木村晴子による博士論文をまとめた『箱庭療法——基礎的研究と実践』（文献35）、また、東山紘久『箱庭療法の世界』（文献15）などが続々と出されて、本法も幾多の書物が書かれ、かつ読まれるようになったことになる。

このように、本法は着実に浸透し、着実に展開していき、本法を治療法として用いる治療家があちこちに育ったが、河合教授はなかなか学会設立にふみきろうとされなかった。その理由は、まだ時期尚早というものでり、さらにその理由は、いったん学会という組織を作ると、組織そのものが動き出してしまって、治療の本来の精神が抜け落ちてしまうことが多いから、というものであった。しかし、国際学会の方は、カルフ女史と河合教授を中心に、先に触れたごとく、一九八二年を皮切りに、毎年チューリヒで行われ、日本でも、一九八七年の第6回と、一九九一年の第10回大会の二回にわたって、河合会長、筆者が準備委員長で京都で開催された。

その間、ようやく機が熟したとして、一九八七年に第1回日本箱庭療法学会が開催され、設立当初三〇〇人であった会員数は、先にも述べたように一三〇〇人を超す発展ぶりを示している。これには、ここに縷々述べて来た、河合氏の二〇年先を見る目が働いていたことが知られるであろう。氏抜きには、この治療法はけっして語れないほどに、氏の占める位置と意味は大きいのである。

4　箱庭療法の技法

箱庭療法の技法について、ごく簡単に述べておこう。

用意するもの

通常ラワン材で作った、内のり五七×七九×七センチメートルの砂箱で、内側が青く塗ってある（これは砂を掘ったとき、川なり池なり海なりを現出させるためである）ものを用意する。砂はどんな砂でもよいが、比較的細かい砂を選び、二、三回網で漉して、水洗いしたもの（石が取り除かれ、手触りが柔らかくなることと、水を加えたときの固まり具合がよく、細工がしやすい）がのぞましい。棚に揃える玩具は、いろんな形、いろんな仕草をしているいくつかの人形たち、動物、植物、建造物、車、汽車、電車、交通標識、飛行機、ヘリコプター、ベッド、家具、応接セット、テレビ、洗濯機、お勝手用具、などといったあらゆるミニチュア模型、それに、恐竜や怪獣やテレビに登場するアニメキャラクターたち、また、自然の石や貝殻、木切れやビー玉など、どんなものを用意してもよいのである。それらの数は、いずれも複数ある方がよく、動物や木などはいくらあってもよい。ただし、その配列や並べ方にはそれなりの工夫があった方がよく、蛇やゲジゲジ、クモや恐竜などは、できるだけ目立たぬところにそっとおいてある方がよい（妙に刺激し過ぎぬ方がよいからである。ただし、こうしたネガティヴな表現を可能にするものが無いのは困る）だろう。通常なら捨ててしまわれる発泡スチロールとか、おが屑だとか、セロハン紙の細かく切ったのなども利用できる。子どもたちのファンタジー能力にかかれば、たちまち、雲や霧や波やらに変わり得るからである。

インストラクション（導入法）

教示は簡単である。通常、子どもたちはこの砂箱と棚の玩具たちを見ただけで何をすべきか悟るものであるからだ。しかし、一応、次のように言う。「ここにある砂箱と、玩具を使って、何か作ってみてください」。

箱庭制作中の若干の注意

子どもが箱庭制作に取り掛かったら、セラピストはじっとこれを見守る。簡単なスケッチや作られていく順番などを記載するのはよい。声かけや問いは発しない方がよい。しかし、子どもの方から尋ねてきたり、話しかけてきたりするのにはごく自然に答えた方がよい。

子どもによっては、次々と場面を変え、車や動物などどんどんと動かして遊ぶ子がある。そんな場合は、それにまかせる。あとのスライド作成の際には、遊戯の最中に、概略の図を描いておき、あとで再構成するとよい。

なお、よほどのことが無い限り、子どもの自発的制作にまかせるが、次のような表現が出現したときには、制作を中断したり、やめさせたりした方がよいことがある。

①あまりに陰惨な殺戮が繰り返される場合

②玩具や人形の破壊がしつようになされる場合

③箱の枠を超えての表現が、治療者の許容範囲を超えてなされる場合

制作終了後に尋ねること

制作が終わったら、おおむね次のことを聞いてみる。何も答えられない場合や、あらかじめ何も語られないことが分かっている場合はこの限りではない。

①「これは何を作ったのですか？」
②「ここには無かったけど、もしあったら置きたいものはありましたか？」
③「置いてみて、どんな感じでしたか？」

なお、箱庭作品はそのままにしておいて帰ってもらう（子どもによっては、片付けてしまう場合もあるので）。

子どもが部屋を出たあとするべきこと

子どもが部屋を出たあと、治療者は次のことをしておくとよい。

①デジカメ写真を撮っておく（この際、子どもが主に制作した方向からと、最低もう一枚、九〇度の方向から撮っておくとよい）。
②記録用紙に、制作順序や、子どもの述べたことを簡単に記載しておき、これが終わったら、箱庭

の中のものを片付けておく。

箱庭の解釈について

先にも述べたように、原則として、解釈（子どもに作品の意味を伝えることばを与えること）はしない方がよい。大切なことは次章で詳説する。治療者がクライエントの制作中にすべきことは、じっくりと付き従い、作られて行く過程を共にし、じっくりとそれを味わうことに尽きる（しかし、これを理解しようと努めることは大切である）。

作られた作品をシリーズとしてみていくと、一回一回では見えなかったことが分かってくることが往々にしてある。

できたら、スーパーヴァイザー（先輩による治療統制）について、箱庭作品のシリーズを見てもらうとよい（その前に治療者自身が、そのスーパーヴァイザーの前で、二、三回自分で作ってみることを勧めたい。自分が作ってみると、ただ客観的にみているだけに比して、格段に、理解の度合いが進むからである）。

5　箱庭療法の事例

ここに、筆者の実例を簡単に紹介しておこう。この事例は、すでに『少年期の心』（文献82）に発表したことがあるので、詳細はそちらを参照されたい。

［クライエント］口なし太郎。八歳。小学校二年生。

［診断］場面かん黙。

［主訴］太郎は、「幼稚園以来三年半にわたって、幼稚園や学校など社会場面では一度も口を開いたことが無い」とて、担任教師からの紹介状を携えて母親と一緒にやってきた。言葉が喋れない、というのであるから、non-verbalな方法を用いるのがもっとも理にかなっていると思われたので、箱庭療法に誘ったところ、案に違わず、彼はこれにのってきたのである。

＃1＝箱庭——第1回〈森の中の動物たち〉彼は、まず右方中央辺りに枯れ木を置き、ついで、針葉樹、闊葉樹の順に置いて、森を作った。そして、次に、動物たちを置き始めたが、よくみていると、まず、ネズミ、ついで牛、馬、キリン、というふうに、いずれも二匹ずつ置いていき、それらはまるでむつまじく、兄弟か、友達か、親子のようであったが、不思議だったのは、最後に置いた象だけが、たった一頭だけで、しかも、みんなのいるほうに背を向けていたことであった。

＃2＝箱庭――第2回〈二群の動物の戦い〉彼は、入ってくるなり、すぐに箱庭に取り掛かり、初めにくだんの象を置き、それに真正面に対立するかのように別の象を置いた。ついで、牛、鰐、馬、河馬など、いずれも前とまったく同じように対決して並べていき、結局、二群の動物が対決していることとなった。一呼吸おいて、象と象、鰐と鰐、牛と牛が戦いはじめ、いずれも壮絶に戦って、どの動物も傷ついて倒れてしまい、全ての動物がいったんは死に絶えたかに見えた。…と、最初の象がむっくりと起き上がり、反時計周りに箱の隅を一周すると［口絵1、図7-5-1参照］、さっき戦った相手の象を起こし、次々に、すべての動物を起こして、終わった。

＃3＝箱庭――第3回〈家4軒のみ〉彼は呆然として、しばらく何も作らず、一〇分以上たってやっと、家を4軒、バラバラッと置いたのみで、他には何も置かず、またぼっと突っ立ったままであった。私は、それで、しばらく箱庭を休むこととし、彼を輪投げ遊びに誘ったが、あまり気乗りがしなさそうだったので、画用紙を本人が望んだ三枚渡し、家で何でもいいから描いてくるようにいった。

＃4＝絵画――第1回。左に大きな木一本。樹冠は包冠線で囲われて中は空洞。幹に上から、カブトムシ、クワガタムシ、テントウムシがとまっている。右には小山があり、木が閑散とはえている下に家がある。絵画はいずれも、二頭の怪獣が戦っている図であった。どちらも同じくらいの大きさで、勢力は同じくらいと見られる。

＃5＝絵画――第2回。やはり、三枚とも、二頭の怪獣の戦いの絵ばかり。一枚は、ゴジラとラドン、次のは、エダホザウルスとイグワノドン、そしてもう一枚［図7-5-2］は、ガメラとギロンの戦いであった。

次の回は、筆者の都合で休み。その次は、母親の都合で休みとなって、二週あいたため、一度に六枚の絵を

図7－5－1●第2回目の箱庭〈二群の動物の戦い〉　動物たちが死に絶えたかに見えたとき最初の象が起きあがり……（口絵1参照）

図7－5－2●第2回目の絵画　ガメラとギロンも戦っていた

図7-5-3●第4回目の箱庭〈絶海の孤島／中から潜水艦が〉 箱庭を再開した直後の作品である

図7-5-4●第8回目の箱庭〈蛇の親子、新幹線を征服〉 新幹線を征服した後、親の背中に子蛇が乗って箱に戻っていく

持参した。
＃6＝絵画―第3回。一枚は彼の居間から台所。タンスから冷蔵庫まで、家具類が実に克明に描いてあって感心した。三枚はやはり、いずれも二頭の怪獣の戦いの図。もう一枚は日の出と木。木は、ちょうど第一回目のときの木とまったく同じ位置にほとんど同じ大きさで描かれていたが、今回違っていたのは、枝に葉が出ていることと、周りに草が生え、ウサギがおり、ニンジンまで用意されていたことであった。そして残りの一枚の絵だけ、四つ切の画用紙に描かれていた（これまではすべて八つ切）。大きな船に、いっぱい窓がついていて、煙突からは煙が出ており、船の舳先には六隻の救命ボートがついていた。そして、船の前には大きな鯨がまるで船を迎えるように描かれていた。これをみて、筆者は、箱庭に戻すことを決断した。それは、窓がいっぱい開いた船が前方に向かう姿や、ちゃんと救命ボートをつけた姿に、エネルギーが外に向かう流れを感じたからである。
＃7＝箱庭―第4回〈絶海の孤島／中から潜水艦が〉彼は水をザブザブと入れ、砂を中央に寄せ、島を作り、真ん中にトンネルを掘り、中に何かを入れて蓋をし、周りを柵で囲った。しばらくして、蓋が開き、中から潜水艦が出て来て［図7-5-3］、彼はそれを注意深く、柵で囲んだ。
＃8＝箱庭―第5回〈蛇の親子、土から出る／箱の外で、新幹線遊び開始、新幹線は建設中とのこと〉この回から彼は、まず、蛇の親子を砂の中に埋め、ついで、にょろにょろと出てくる遊びをしたあと、箱の外で、新幹線の工事を始めたのだった。
＃9＝箱庭―第6回〈蛇の親子、箱から出る／新幹線、依然、建設中〉蛇は、さらに、箱の枠を超えて、部屋中をはい回った。そして、新幹線の工事は続く。
＃10＝箱庭―第7回〈蛇の親子、部屋から出る／新幹線、依然、建設中〉蛇は、さらに、この部屋（第七診察室〉を出て、第二診察室にある、大きい方の新幹線を見つけだした。

＃11＝箱庭──第８回〈蛇の親子、新幹線を征服〉蛇の親子は、完成した新幹線を征服し、ついで、親の背中に子蛇が乗って［図7-5-4］、箱に戻り、土に還った。そして、この回、はじめて、彼は、学校で喋ったことを報告、治療室でも、かくして、はじめて喋ったのだった。

＃12＝最終回＝箱庭──第９回〈森の祭り／出港〉再び、枯れ木を置き、森を作る。今回は下草に花が咲き、蛇が木に登って一周、反時計周りに回って、すべての木や花をどけてしまう。ついで、水を入れ、砂を左三分の一に寄せて、浜にし、そこに家を四軒、海岸に潜水艦。沖にトンネルを置き、蛇が何度も何度もそこをくぐり抜け、船の出港を祝う。彼が述べた所では、この船はアメリカへ行くのだそうだ。この回、絵画も持参した。絵画──第４回〈サンダーバード１号は点火、２号は発射、３号はすでに宙を飛んでいる図〉この回で、終了となった。

6　事例の考察

結局、この事例は、全12回の治療（うち、箱庭９回、絵画４回、最終回には両方なので重なっている）で、三年半にわたったかん黙の固い殻が開き、学校場面で初めて話をし、以後、すっかり元気になった。この間、母親のカウンセリングも併行しており、そちらの方もなかなか興味深い展開がみられたが、ここでは省略することにしたい（文献82）。

さて、箱庭の展開を見てみよう。第1回目、太郎は、当初、枯れ木を置くところから始まった。枯れ木は文字どおり、感情が枯渇していたことを物語っていよう。しかし、枯れ木を置くことができたことで、次に緑の木を置くことができ、結局、森になった。植物的な段階においては、太郎の感情は涸れてはいなかったのである。ついで、動物を置いたが、それらはいずれも二匹ずつで、親子関係の問題なり、友人関係の問題を示唆するが、象を一頭だけ置いたことで、彼自身は、そうしたことを希求しながら、みんなに背を向けていたことが知られる。

第2回目の二群の動物の戦い。そして、いったん、みな死に絶え、ついで、象の働きによって、再生してくる儀式的な動きは、実に象徴的である。こうした、儀式的なものの意味は、彼の内界にあったアグレッション（攻撃性）が表出されることでいったん死に、ついで、生き返ったことと考えられ、心的なエナンチオドロミア（つまり、無意識のエネルギーの流れが、方向を変えたこと）を見てとることができるが、それが動物の層においておこなわれたことに、箱庭療法ではことに大きな意味がある。つまり、本能的な層での、根本的な変化を表しているのだ。

ところが第3回には、太郎はまるで放心したごとく、家を四軒だけ置いたにとどまった。当初は、筆者は、この作品にあまり大きな意味を感じなかったが、この症例を見たカルフ夫人は、「この段階ですでに社会的な状況（つまり、彼の日常、すなわち、「家」が置かれたが、まだ人は置かれず、閑散として、寂しげであった）が表現されていた」ということを評価していたのは慧眼である。しかし、この段階において、心的なエネルギーの充填が必要であったのであり、箱庭をしばらく休んで、通常の遊戯なり、絵画なりの別次元の方法に持ち込んだことは賢明であった。彼の場合、この時点での、輪投げなどのいわゆる通常遊戯はほとんど意味をなさなかったが、絵画において、またまた象徴的な展開を示し、結局、再び箱庭に戻ることとなった。また、絵画での展開も、結局、この前の箱庭での展開とほぼ同じ意味の内容が進展したものと考えられるが、この子の場合、かん黙の入り口となったと思われる、カブトムシ事件（ここでは省略したが、母親面接で語られた事件。つまり、彼の三歳前後のとき、彼に初めてできた女友だちの誕生祝いに、彼がもっとも大事にしていたカブトムシをあげたところ、彼女に泣き出されてしまい、その現象だけをみて金切り声をあげて彼を叱った、二人の大人の行為の理不尽さ）も暗黙に語られており、また、怪獣の戦いの連続は、いかに彼のこころの戦いがエネルギーを要する熾烈なものであったかを物語っていよう。いぜれにせよ、戦いが進むにしたがって、枯れ木に枝が出、葉が茂り、日が出て、草が生え、ウサギが出て来たのは、これまた、大変に象徴的であった。自発的に初めて出てきた動物が、ウサギであることも意味深い。つまり、彼は、何の武器ももたず、ただ、聞き耳をたて、逃げ足をもつのみであるからだ。とにかく、その後、大船が登場し、再び、舞台は箱庭に戻ることになった。

再び、箱庭に戻ると、彼は大量の水を使い、砂を真ん中に寄せて、島を作った。そして、その中から潜水艦が出てくる。このイメージは、私には、長らく腹の底にとどまっていたアグレッションがようやく外に姿を表したのだと見えた。しかも、この回、もっとも注目すべきは、この潜水艦を囲う柵である。私には、つぎのような解釈がふと浮かんだのである。「攻撃性をあらわにしたとき、守られねばならぬのは、攻撃性を出している、本人そのひとの方である」という洞察である（この洞察は、ことに、自閉症の治療において重要な意味をなすこととなる）。

かくして、動物次元では、蛇の親子が登場し、社会次元では、新幹線の工事が始まる。蛇の親子は冬眠から起き出し、土から、ついで砂箱から、ついには、この部屋から出て、行動範囲を広げ、とうとう、別の部屋から大型の新幹線を見つけだしてくる。新幹線の工事の方は、着々と進んで、ついに大型の新幹線が導入され、完成すると、例の蛇たちがこれを征服するのである。

カルフ夫人は、「これこそ、現代日本の象徴的な姿ではないか。つまり、かたや、新幹線は現代日本の技術社会の代表であり、一方、蛇の親子は、こころの問題が、皮膚接触の次元、親子関係の次元を表象しており、この間の乖離が問題だったのを、蛇が見事に、新幹線を征服し、親子関係の重要さを社会的次元の発達より大切なものだとしたのである」と述べたが、これもまことに慧眼であったと言わねばならぬ。

また、征服した親蛇が子蛇を背中に乗せて砂箱に戻ったのが印象的であった。この回、母親が述べた、次の言葉も、大変に示唆的である。

「この頃、太郎は、編み物する私の方が、掃除機かける私よりも好きだ、と言うんです（編み物は静かに手編みしているので、母親と話ができるが、掃除機をかけているときにはうるさくて、話ができない）」

ここに、正常な親子関係の回復の図をよみとることができよう。

最後に彼が作った箱庭は、これまでのすべてのおさらいとみることができる。つまり、第1回目の「森」が示され、こんどは下草が生え、花が咲いた。蛇が木に登り、森を儀式的に一周すると、ガラリと次元が変化して、港が現れ、3回目に出て来た四軒の家も、潜水艦も蛇までもが登場し、何と潜水艦はアメリカに向かって出港していくのである。この回絵も持参され、そちらの方はサンダーバードが轟然と出発していくのであった。かくして、この子どもの箱庭や絵をみてみると、実に無駄なく、象徴的に表現しえていることが知られるであろう。

7　箱庭療法の観点から遊戯療法（プレイセラピー）をみる

さて、本児の箱庭にせよ、絵画にせよ、きわめて象徴的な展開を示したが、これらは、いずれも、一方は箱庭の枠の中で、他方は画用紙の中で、行われた遊戯であるともみることができる。事実、後半の彼の遊びは、箱庭の枠を出て、治療室の中で展開し、いつのまにか、遊戯そのものとなっている。つまり、通常の遊戯療法において起こっていることを、実に克明に語ってくれているのである。

遊戯療法の祖アンナ・フロイトとメラニー・クラインの論争以来、遊戯療法が、子どもの心理治療の基本となったことはよく知られた事実である。本章の箱庭療法略史でも触れたように、箱庭療法の淵源が、ローウェンフェルドに溯り、かつ彼女がクライン派の精神分析家であったことを述べたが、クラインは子どもの遊戯が、大人の自由連想に匹敵する治療の重要な要素であることを述べた最初の人であったし、またアンナ・フロイトは、児童に適用する際に導入技法を考える必要があることを述べていたが、まさに箱庭はその療法の線上に乗る技法であることが知られるであろう。しかも、箱庭のよさはだれの目にも明らかなように、通常の遊戯ではありえない死や殺戮とか、通常は許されないことが現出可能となることである。無論、遊戯療法でも、きわめてよく守られた空間では、ファンタジーの中で、それらをこなしうる可能性を否定するものではないが、箱庭の方がはるかに安全なのである。

さて遊戯療法一般では、子どもの遊戯そのものには、あらゆる可能性がひらかれているため、それを理論的に考察するに際して、どの角度からみるかで、幾多の考え方が提出されてきた。ところが、箱庭療法の導入以来、これをユング派的にみてゆく素地が開かれたといって過言でない。ここにおいてユング派的見方とは、「象徴性」に関わる考え方や、「拡充法」的見方を大幅に取り入れることと、

「治療全体をイメージの流れとしてとらえる」ことを意味する。ここにおいて、「拡充法(amplification method)」とは、神話や御伽噺や伝説など、人類に昔から伝わっているいろんなイメージを取り入れて、そこに起こっていることの心的な意味を探っていく方法のことである。つまり、たとえば本論で述べた太郎のケースであれば、第2回目の箱庭でみられた儀式的な動物の戦いの死と再生を、古来から人間の歴史の中でみられる「死と再生」の儀式、つまり、「通過儀礼」として考察されている「イニシエーション(initiation)」の考え方を導入してくることによって、そこに起こっている心的な深い意味を明らかにすることを指しているのである。かくして、箱庭療法の導入により、遊戯療法の見方がさらに一段と深化されたといえるであろう。事実、筆者の場合、これまで幾多のスーパーヴィジョンをおこなってきたが、遊戯療法一般において起こっていることを、こうした観点から見て行くことで、遊戯自体がきわめて理論的にもとらえ得るものであることが理解されよう。すなわち、練達の精神分析家の小倉清が述べるごとく、「遊戯は言語化への補助手段である」(文献51)とばかりも必ずしも言えず、「遊戯はそれ自体で治療的なのである」(山中、文献78・86)とするのである。無論、村瀬嘉代子が説くように、「いずれの方法でも最後には言語に至る」(文献38)のは事実であって、言語の位置づけの違いに過ぎないとも言えるかもしれないが、筆者は、やはり、「遊戯」そのものを重視して、「必ずしもそれを言語化させることに留意する必要はない」と考えている。つまり、「言語は、こころの素地が整えばおのずからやってくるものだ」と考えるからなのである。

8 ここでの結論

箱庭療法から遊戯療法をみるという観点から、筆者自身のケースをかかげ、箱庭療法の導入によって遊戯療法それ自体をもより深化させることのできたことを述べた。箱庭療法自体それだけで大変に意味ある方法であることが理解され、かくして箱庭療法に習熟すれば、遊戯療法がより意味をもっておこなえるし、かつ、遊戯療法の理論的な把握がより深化されることが知られれば筆者としては幸甚であると思う。

第8章　箱庭療法の解釈

1　箱庭療法の本質

箱庭療法で何が一番大切かといえば、それは、治療者の臨在である。すなわち、箱庭を作るクライエントの近くにいて、じっとそれを見守るセラピストの存在そのものが、治療の原点なのだ。ついで、箱庭の装置そのもの、つまり、箱の枠と、砂の存在が大きな要素である。前者の枠は、ここではいかなる表現も許されている、という自由を保障する守りの枠ともなるし、過激な表現や、境界を越えていこうとする心性などに対して、適度な制限ともなることがある。後者の砂は、懐かしい泥んこ遊びの幼児期に誘うかのごとき、適度の退行を促しもするだろうし、また、万物の根源たる大地に連なる基盤ともなるだろうし、水を適度に加えればいかようにも細工のできる粘土ともなり、あるいは、さらさらと指の間より落ちる懐かしい感触をも与えてくれるのである。次に、幾多の大小各々の玩具たちは、無限のイメージ世界に連れていってくれる格好の素材ともなろう。そんな中で、解釈、という問題が浮上してくる。

この治療法が河合隼雄先生によって導入された頃、もっとも気を遣われたのが、この解釈という問題だった。なぜならば、前章で述べたとおり、一九六六年に書かれたカルフ女史の、『*Sandspiel, seine therapeutische Wirkung auf die Psyche*（カルフ箱庭療法）』を、一九六八年には筆者は翻訳しおえていたのだが、河合先生は、まず、『箱庭療法入門』を出され、一九七二年に、やっとこの翻訳書の出版にゴーサインを出されたのであったからである。このことが何を意味するか、といえば、河合先生は、解釈満載の、というか、解釈に傾きがちなカルフの書物を、早く出し過ぎることは、箱庭療法が本来もっている治療力を、へたをすれば減じてしまう、という虞れを感じておられたからだった、と思う。つまり、『カルフ箱庭療法』が先に流布してしまったら、箱庭療法というものはこういうものなのだと、解釈中心の理解がなされる虞れがあったのだった。では、カルフの本は、意味のないものか、といえば、それもまったく違うのである。カルフ女史が、あの本を書いた背景について触れると、彼女は、当時、チューリヒのユング研究所で講義したり、クライエントをとって心理療法家として独り立ちしたりすることの出来るユング派の分析家資格を与えられていなかったので、彼らを納得させるために、しっかりした哲学的背景にまで言及した解釈の方法論をうちたてる必要があり、相当かっちりとしたものを書き上げねばならない事情があったのである。そのため、彼女はギリシア・ローマ神話から、仏教や東洋哲学にまでおよぶ教養を背景に、箱庭の解釈に関しても、あのように書き上げたのであった。

2 箱庭療法における解釈の意味

さて、本章では、箱庭療法における解釈の意味と、その方法について若干述べてみることにしたい。前章で述べたように、箱庭療法は、クライエントとセラピストの間にしっかりしたラポールがついていさえすれば、解釈なしにも立派に機能することがある。だが、その上に、きっちりとクライエントの内界に即した「理解」ができていれば、解釈も可能となるし、そうであれば、さらに一段深いセラピーが可能となることもまた事実なのである。ただし、この際でも、いわゆるフロイト派の精神分析でいう「解釈」とはまったく異なっていることをまず言っておかねばならないだろう。つまり、精神分析では、治療者の適切な解釈こそがクライエントの洞察を生み出す大切なものなのであり、解釈なしには、分析の成果はあがらないと言って過言でない。

ところが、箱庭療法においては、むしろ、解釈を与えるということはせず、もっぱらクライエントの作りたいようにまかせるのが王道であるのだ。上に述べたセラピストの「理解」とは、セラピストの側において、かくかく読んだ、かくかく理解した、という意味であって、その理解した内容をクライエントに伝えるわけではないことを、よく理解されたいのである。よって、以下に述べる「解釈」の話は、クライエントの作品世界を、いかに理解するか、という文脈において理解されたく、ゆめゆめ、これらをクライエントに語って聞かせることはしないでいただきたい。

3 箱庭療法における解釈の方法

さて、筆者自身は、箱庭をどう理解しているか、と言えば、ほぼ以下のような方法や手続きを踏んでいると言えるだろう。

①一回一回の作品として完結しているように見えても、これらを時系列の順にならべてみる。

②そこで、各回に用いられている、同じようなアイテムがないか、に注目すると、たいてい、一個から数個にわたって、まったく同じ人形が置かれることに気づかれよう。

③頻回に出てくる人形のうち、クライエントがとくに思い入れをもっている人形が、おそらく、箱

庭世界では、主人公であることが多いものだ。

④その主人公になったつもりで、周囲との関係性に目を配りながら、ストーリーを考えてみるのである。

⑤ただし、クライエントを無視して物語を一方的に作ってもほとんど意味がない。あくまで、クライエントが、どうアイテムを扱い、どう語ったか、がもっとも大切なのである。そこのところにまったく無頓着で、あとで出来上がった作品からのみストーリーを考えていく、という態度は厳にいましめたい。

⑥ただ、よく、事例検討会などで経験することであるが、クライエントの主観的に語ったこととは無関係に、作品自身に語らせる方法で読んでみることも、意味のあることがあるのである。その際は、クライエントの意識のみに注目するのでなく、その無意識にまで注目すると、おのずから、ストーリーが浮き出してくることがある。

⑦以上の手続きを繰り返しながら、各回の箱庭作品をみていくと、大抵の場合、一筋のストーリーが読めてくることが多い。さらに、副主人公や、他のキャラクターに注目していくと、メイン・ストーリーとは別に、あるいは、それに微妙に関連しながら、サブ・ウェイのストーリーが見えてくるものだ。それらを総合的に眺め合わせると、一つの総合的な物語が描き出されてくるであろう。これが、私が、通常している理解の仕方であり、解釈の方法である。

⑧さらに、用いられたいくつかのアイテムのシンボリックな意味や、関連する神話や御伽噺などを援用してみると、思いのほか、深い意味内容が見えてくることもある。

4 箱庭療法における物語の骨格と筋

さて、そのようにして物語を紡ぎ出してみると、次のような筋立てが骨格として浮き出てくることが多い。ここでは、それらのいくつかを挙げてみよう。

①領域の拡大
初め、右隅なり、左下隅にしか置かれなかったのが、時系列に従って、だんだんと領域が拡大してゆくものである。未開拓だった荒野が、緑で満たされ、家が建ち、町ができ、コミュニケーションが始まる、といった図式が成立してくる場合もある。

②分断された二つあるいはそれ以上の領域の統合
二つないしは、それ以上に分断されていた領域が、橋が架かったり、あるいは、中央に建物が建設されたりして、統合されていくテーマをもつものである。二つ以上用いられた箱が、鉄道が通ったり、

架橋されたりして、繋がったりする場合もある。

③色彩の変化

色彩に注目した場合、単彩から、複数の色彩に、寒色から暖色へ、あるいは、枯れた色から、緑豊かな色へと、いろんな変容のあり方がありうる。

④中心化、そして区画化

バラバラだったものが、中心をもったものへ、分散していたものが、集中し、道や建築物や木々などで、整然と区画され、村や町ができていく、というふうに発展形態を示すことがある。

⑤お待ちのテーマ

思春期女子に多くみられるものであるが、われわれが、「お待ちのテーマ」と呼ぶ構図が作られることがある。すなわち、左上なり、左中央辺りに家が置かれ、往々にして、そこに椅子が置かれ、一人の女の子が座っている。そこを花々が囲み、それをさらに塀が囲んで、塀の切れるところ、通常正面には門が置かれ、その門のまえに川が流れており、川にはまだ橋が架かっておらず、対岸には、荒れた土地や、山や森があり、そこには、動物や、男性が潜んでいる。やがて、時がくると、川には橋が架かり、森から出た動物や男の子が橋を渡り、二人は結ばれる、といったストーリーが典型的である。

⑥戦闘、基地

あるいは、これは男の子に多いのだが、中央に壁ないしは、川があって左右が分断され、双方には、武器弾薬や兵士や装甲車、あるいは、戦闘機や大砲が装備されて、双方ともに大砲をうち、兵士が前進し、戦いが始まる、といったものである。長いこと戦いは続き、そのうちに、何らかの協定なり和睦が成立して、戦争が終結したり、あるいは、双方に、しっかりとした基地が建設されて、戦闘は終わるが、じっくりとした監視体制が敷かれる、といった形での解決をつけることもある。

⑦系統発生的発展

あるいは、当初、植物だけの世界であったのが、だんだんと動物が住むようになり、そして最後に人間たちが住み始める、といったふうに、壮大な地球の進化の歴史を展開することもある。

⑧宇宙空間

あるいは、箱庭全体が、宇宙空間になったり、あるいは、銀河鉄道やら、「銀河鉄道999」（松本零士）など幾多のファンタジーに基づいた展開を示す場合もある。

⑨家屋空間

あるいは、これも女の子に多いのであるが、箱庭空間全体が家の中となり、各部屋の間取りがこまごまと区画され、その中で、キッチンや、ベット・ルームや、スタディ・ルーム、居間、客間、憩いの部屋、あるいは、シークレットな秘密の部屋が作られたりすることもある。

⑩風景空間

あるいは、中井久夫氏の風景構成法（文献100）として結実したような、山あり川あり、田圃ありの風景空間を現出することもあるし、箱全体が海となり、中央に島ができ、その島に探検家がやってき、やがて灯台がたち、船の行き来が盛んになり、突堤や港ができていく、といった展開をとる場合もあろう。

要するところ、クライエントの心が、もっとも関心をもっているテーマを中心に、あらゆる変化、あらゆる展開が起こるのである。

5 その他の重要な視点

以上、箱庭療法における物語を紡ぎ出す前提としての背景なり、骨格について述べてきたが、最後にその他の重要な視点若干について触れて本稿を閉じることにしたい。

①身体像

これはまだカルフ夫人が存命だった頃、彼女自身が指摘したことであるが、往々にして、クライエントの身体像が、箱庭空間に現出してくることがある。すなわち、問題となっているのが子宮であれば、子宮の形をした池や湖が作られ、胃腸であれば、胃や腸の形をした空間が示され、また、置かれた島自体が、一つの顔と見えることがある。それらを舞台にしていろんな物語が展開し、やがて、絶妙な形をとって、問題の解決を見いだしていくということがあるのだ。

また、同じ線上で、以前に筆者自身が見いだしたことであるが、往々にして箱庭が縦位置に用いられる場合に、クライエント自身の全身的身体像そのものが投影される場合がありうる。つまり、最上部が頭で、中央部が体幹、下部が脚部といった具合に示される場合があるのである。

②死と再生

ときとして、きわめて象徴的な仕方で、たとえば、「死と再生」として理解されるような展開が生じることがある。つまり、登場していたものが破壊し尽くされ、あるいは死に絶えて、その後、混沌の中から、新しい生命が生み出されてくる、といったような、神話的イメージをもって、箱庭空間のなかで表現されてくる場合がある。筆者のこれまで示してきた例では、前章で紹介した「口無し太郎」における動物の死闘と全滅、その後の、象による復活と再生の物語などはその一例であろう。

③神話的展開

そのほかにも、いくたの神話的展開をみたり、どこかの御伽噺で出てきたような話の展開をみることがある。セラピストは、神話や御伽噺に通暁していなければならない、などということはないが、こうしたものに親和性をもっていると、クライエントの内界で展開しているストーリーに、それとなく気づくということはあるだろう。

なお、これらは、一人ひとりのクライエントで、それぞれに違っており、一つとして、同じということがない。箱庭療法が、一〇〇ほどのミニチュアやパーツでなっておりながら、セラピストによって集められるミニチュアやパーツに微妙な違いがあり、かつ、クライエントによって、まったく違った組み合わせや、意味を持たされて使用されるので、これが創始されて三五年ほどたっているにもかかわらず、今も連綿として、感動的な作品群を、クライエントたちは作り続けているのである。

6 おわりに

ここでは、筆者自身による、箱庭療法の解釈についての思惟と、若干の手立てや、方法について述べてきた。これから箱庭療法に入門される方々や、すでに通暁しておられる方々にも、何らかの示唆を与えるものでありえたか否かは心もとないが、箱庭療法を、より深化したかたちで発展させたい、との思いは深いので、本論をものした意味はあったと思う。これを皮切りに、箱庭療法の解釈についての議論が沸騰することをこそ望みたい。

第9章 遊戯療法のコツ

1 遊戯療法にコツはあるか？

はたして、遊戯療法に、一体コツなどというものがあるのだろうか？　こういう場合には、こうこう、こうすればよい、こういう場合なら、こうするとよい、などというのが、いわゆるコツと言われるものなのだろうが、筆者は今まで、そういうことを考えたことがない。

いや、臨床一般がすべてそうだと思うのだが、サイコセラピーにハウトゥはないのである。そんな安易な態度では、いかなる治療的展開も起こってこない。セラピーとはきわめて厳粛なものなのであり、たとえ、その対象が子どもだからと言って、安易に考えられていいというわけにはいかないのだ。

さて、遊戯療法だから、と、「これから、ここでたのしく遊びましょうね」などと言って導入している事例を散見するが、まず、そこからして問題なのだ。

どこが間違っているかと言えば、「たのしく」のところなのである。大体、われわれ心理臨床や精神科臨床の場に連れられてきて、はなから、「たのしく」遊べるようなケースには、どだい遊戯療法など必要はないはずで、ほとんどのケースは、うちひしがれ、意気阻喪しているか、不安におびえているか、あるいは逆に、怒りに震えているか、ゆううつの極にいるか、何らかの症状を抱えて、とても困っているか、あるいは、なすすべがない、と呆然としているか、いずれにしても、たのしくなど全然なく、こう言われたからと言って、急に遊べるなんて状態にないのである。

さて、こうした状態にあった子どもたちが、やがて自身の抱えている幾多の問題から解放されたあかつきには、やっと、元気に生き生きと、あるいは、たのしく遊べる次元が到来することはあるだろうが、今度は、そうなればなったで、もう、わざわざ時間をかけ金を払って、遊戯療法を受けにくるほど、物好きで暇な御仁もいないのだ。

無論、神経症水準よりも浅い病態水準の子どもなら、セラピストの導入次第で、すぐに遊びに入ることのできる子どもがいることも確かである。この場合には、「たのしく遊ぼうね」というインストラクションも可能であろうが、やはり、当初の段階では、上に述べたことこそが、まず考えられねばならぬことであって、その逆ではない。

2　「遊戯療法」はよい訳ではない

以前にも書いたことがあり、また、今まで口を酸っぱくして言ってきたことでもあるが、だいたい、「遊戯療法」というネーミングがよくないのである。ここで、「遊戯」などと書いたり言ったりするから、「お遊戯」をしようと思うセラピストが出てきたり、「たのしく遊ぼうね」などと言い出すのである。この原語である、playtherapyなり、Spieltherapieなりの、play（プレイ）とか、Spiel（シュピール）というコトバを、安易に、「遊戯」などと訳すからいけないのである。よく考えてみると、英語のplayでも、ドイツ語のspielenでもいい。いずれも、その意味を辞書で引いてみると、そこには、「遊戯」という意味も、無論あるにはあるが、もっといくつかの意味が並んでいるのに気づかれるはずである。

ちなみに、私の手元にある辞書で引いてみようか（*Kenkyusya's New English-Japanese Dictionary*, 4th Ed. 1960. もう随分古い版であるが、私はこれに四〇年世話になって来ているのである）。

(1)遊ぶ。遊戯をする。慰み事をする。ふざける。戯れる。(2)（仕事をしないで）遊ぶ。休む。無為に暮らす。ストライキをする。(3)もてあそぶ。いじくる。（危険／無謀なことに）手を出す。(4)勝負事をする。

賭博をする。かける。(5)競技に出る。競技する。試合する。(テニスやクリケットなどである打ち方を)する。(6)ふるまう。行う。ごまかす。(7)(楽器などを)演奏する。鳴る。(8)(競技場、球場などが)球技をするのに良好な状態である。(9)芝居をする。演じる。役をつとめる。(10)遊動する。跳ね回る。飛び交う。はためく。ゆらめく。ちらつく。色を変える。そよぐ。ほほ笑みが浮かぶ。波が打ち寄せる。空想が働く。(11)(機械の一部が)自由に動く。運転する。(12)(砲などが)続けさまに発射する。放射する。水が湧く。(13)(楽器や音楽が)奏される。

自動詞だけで、これだけ列挙してある。ここに並べただけでも、ざっと四五の意味がある。これと同じくらいに、他動詞、そして名詞としての意味が延々と続くのだが、私は、何も、ここで英語のレクチャーをしようとしているのでも何でもなくて、playにはかくも多くの意味が内包されているのであるが、言いたいことは、「遊ぶ」というよりも、これらを通覧して分かられるように、私のコトバで一言で言ったら、playとは「表現すること」なのだ、ということを伝えたいのである。

つまり、「遊戯療法」とは、「表現療法」のことなのであり、対象が子どもであれば、子どもが抱えている問題を、いかにして、「症状レヴェル」や「問題行動レヴェル」から、自らが、「表現する」レヴェルにしていくか、つまり、すでに随分以前の論文で述べたことであるが(文献80)、「症状性のレヴェル」から「メッセージ性のレヴェル」に変換しうるのか、ということになるのである。

3 基本的態度

さて、以上書いて来たことを前提として確認した上でなら、以下のことがやっと問題となってくる。つまり、これまで述べた基盤の上に立っているのならば、やっと、本章で要請されているであろう、いわゆる「コツ」という、おそらく基本的態度なり、技術なりが俎上にのぼってくるのである。さて、以下において私は、コツというコトバではなく、基本的態度という言葉で語ることにしたい。

まず、[基本的態度のその一] であるが、子どもに向き合うにあたって、セラピストがきちんと子どもの立場にたてているか否かが問われる。そのことのもっとも象徴的なあり方は、「子どもの視線と同じ位置にセラピストの視線をおく」ということとなる。ここで言っているのは、物理的にも、象徴的にも、視線を同一線上におくことによって、子どもと同じ位置から世界をみる、つまり、子どもとその立場を共有する、ということになろうか。

ついで、[基本的態度のその二] として、子どもが、治療者と一緒にいて、安心感や安全感が感じられるか否か、が大前提である。そもそもどこにも居場所のない子どもたちなのであるから、当初は、ここにいてもいいのかどうか、いても立ってもいられない不安で一杯のこともあろう。こうした不安でたまらない子どもが、ここにいると、ほっとするとまではいかなくとも、不安をかきたてられない、という気分になれるか否かは、とても大切なことなのだ。こういったことがきちんと根付くまでは、あまり干渉したり、侵襲となりうるような診断的態度などを取らない方がよいのである。

ついで、［基本的態度のその三］として、「子どもの気持ち、感情をわかるように配慮する」ことがあげられよう。すなわち、怒っている、悲しんでいる、呆然としている、うちひしがれている、などといった子どもの気持ち、感情の状態を、つとめて共有しようとする態度が必要なのだ。彼らの、こうした感情状態を無視して、いかなる表現をおしつけても無駄なのである。彼らが、こうした感情の状態にあれば、いかなる表現が適切であるか、の判断が要求されるわけで、たとえば、「怒っている」状態であれば、何かを破壊したり、思い切りその気持ちをぶつけたりする手段をともに見いだしていくなかで、彼らの感情の発露の道筋を共有することになろうし、あるいは、「悲しんでいる」状態ならば、「泣く」ことのできるような状況の設定こそが希求されよう。彼らは、こうした事態にあって、感情を思い切りぶつける場を与えられていないことが、まことに多いからである。

そして、［基本的態度のその四］として、子どもの、自らの自発的な思いや、考えや、仕草や、行動や、表現などが、おずおずとながら、触手を延ばすように、ほの出てくるまで、セラピストは、じっくりと、待てる余裕をもたねばならぬ。よく見かける誤りは、子どもが、まだ何も望んでもいないのに、あれで遊ぼうか、これで遊ぼうかと、遊具や玩具を提示したりして、遊びを促進しようという態度である。とくに戒めたいのは、いわゆるゲーム盤などで遊ぶ遊びに誘うことで、これは、私の考えでは、百害あって一利なしといわねばならない。無論、かといって、子どもが欲した場合はそれは尊重されねばならないが、土台、こういう類いの遊戯盤を部屋に置いておくこと事態がおかしい、と思うのである。なぜならば、こうしたおしきせの遊びは、時には、ルールを守るか否か、だんだん熱中するか否かなどで、次なる、真の遊びへの中継ぎの働きをすることもないとはいえないけれども、真なる創造的展開や、自発性の発露をもたらすことからはほど遠いからである。私のことばに翻訳するなら、「遊具や玩具に遊ばれない」ことこそが大事なのだ。

4 村瀬嘉代子氏からの引用

日本の遊戯療法の世界で、もっとも信頼に足ると思われる村瀬嘉代子氏が、彼女の論考の中に、何とおそれおおくも私を引用して、次のように書いておられる（文献39）。

「子どもの心理療法の基礎として、山中康裕は「子ども全体の人格的理解」と「正しい診断学的理解」とを合わせ持った上に、子どもを受け止めることの大切さを説き、子どもが何らかの形で外の世界とつながりを持っている、その子の「窓」を見いだすことこそが、治療手段の根本であると述べているのは、まさしく遊戯療法の基盤にほかならない。

ただ、言葉の使用もままならない子どもを対象とする場合の多い遊戯療法においては、「治療者自身、子どもと共に成長したい」と願っていることが大切であると付け加えたい。なぜならば、子どもは生存していくのに、さまざまな意味で、大人に依存せざるをえない。とりわけ、心の問題を担った子どもたちはおぼつかない存在である」（以上引用終わり）からである。

筆者がここに引用されていることどもを発表したころは、まだ、心理療法家になる前、精神科医であったときなので、診断学的理解とか精神療法などという言葉を使っているのだが、今は使う言葉こそ、こころの水準とか心理療法とかのごとく、微妙に変わってきているが、この態度は今でも変わらない。ことに最近、心理療法に診断などいらないのでは、という議論すらあるのだが、私は、無論、診断を、相手にラヴェルをはったり、分断したり、というレヴェルのもので使うのはいっさい不要だと思うが、そうではなくて、この子をどう理解するか、この子の弱さがどこにあるのか、をしっかりとつかんでいなくて、無手勝流でいったいどう関わろうとするのか、と言いたいのである。相手の弱さや、強さ、良い点、悪い点をきっちりと把握することができれば、より深く、より適切なかたちで関わることができようというものだ。

5 転移や関係性

遊戯療法だからといって、そこに転移や関係性における反映がないとは言えない。そもそも、ここに要請されている、コツなどということばには、操作的な匂いさえするが、コツと呼ばれる表面的な技術的なことなどよりも、そもそも子どもがどういう状態にあるか、何をおびえ、何を不安がっているのかいないのか。何をしたいと思っているのか、などといった、もっとも基本的なことを観察せずして、遊戯もなにもあったものではない。そうした、子どもの状態や可能性への、ゆとりをもった態度や姿勢こそが、彼らをして、ゆっくりと、何かにとりくもうとする意欲や、能動性を導き出すのであって、セラピストのこうした構えや態度は、子どもたちを、こころから安心させるものとなるのである。そういったことどもをさして、コツというのなら、私は声を大にして、およそセラピストたるもの、こうした態度や姿勢を、まず第一の導入部として、用意されたいものだと言いたい。すると、転移状況（幼児期の親との関係を治療者との関係の中に移しかえて表現すること）も、関係性の反映も、自ずから、自然なかたちで生じてくるものであり、おのおのの子どもたち独自の遊びの展開が起こってくることになるのである。

6　川岸での足の位置

アメリカの生んだ統合失調症治療の第一人者の精神科医であるハリー・スタック・サリヴァンは、「関与しながらの観察」といったが（文献58）、無論、子どもが相手だからといってもまったく同様であり、セラピストは、遊びに関与しながら、同時に、客観的な目を要請されている部分もあることに留意されたい。

私の比喩でいえば、川におぼれる人に手を差し伸べるにあたって、セラピストは、両足とも水につけてしまったのでは、ときとして、セラピスト自身も急流に足をとられることになりかねないし、逆に、両足とも岸に乗せたままでは、クライエントはどんどん急流に流されてしまって、セラピストのところから離れていくばかりであろう。答えは、その間にあり、片足は水につけて、その水の流れの速さや水の冷たさなどを感じ取り、一方、もう片方の足は岸に置いて、しっかりと現実に定位していなくては、救いをもたらすことはないであろう。

つまり、一方では、子どもと同じ位置に立って、子どもの目線で遊びのなかに入っている部分と、それをどこかから客観的にみている視点をこそ要請しているのである。子どもとたのしく遊ぶ自分もあってよいが、子どもの遊びのなかにすら、その子の抱えているもろもろの問題が現れてきているのを見落としてはならないのだ。

7　克明な逐語録を

初心のころには、本当にいろんなことが起こってくる。そうしたことどもを、まず、判断を加えずに、「言葉で逐語的に克明に記述する」ことをまずお勧めしたい。ついでに、「そのときセラピストはどう感じたか、どういうふうにそれを受けとっていたか」も、一行でいいから、行動記述のすぐ後に、（ ）の中に記載しておくことを、さらにお勧めしたいのである。

あとになって、遊戯や表現の全貌が明らかになってきたとき、こうしたほんの一言の記載が、そこに生じている遊びや表現の「意味」に開かれるきっかけを与えてくれることが多いものなのである。これは遊戯療法に限らないが、解釈などはなくともよい。ただし、解釈に目くじらたてることもないのだ。第8章でも述べたように、私は解釈ではなくて、理解と呼んでいるのだが、いずれにしても、「意味」への開け、という意味で、これらの訓練は、大変に大切なものとなるのであるから。

8　詩のこぼれる瞬間

遊戯療法だとて、あるいは通常の言語によるセラピーだとて、いずれの場合においても、子どもの表現のまさにそのときに、いわば、「詩がこぼれ出てくる瞬間がある」ことがある。あるいは、「珠玉の宝物がぽこっと現れる瞬間がある」こともある。

つまり、それ以外のいかなる表現でもありえない、きわめて貴重な、きわめて美しく、あるいは、きわめて研ぎ澄まされた表現が忽然と現れることがある。

それは、すぐれて、関係性の産物なのであり、けっして、子どもだけ、セラピストだけの場では現れてこない類いのことなのである。

こうしたとき、たいてい子どもは、ほとんど自らは意識することなしに、さりげなく言ったり、作ったり、おこなったりするのである。

たとえば、私の『少年期の心』(文献82、一三一一四頁)の八歳の少年、犬噛み道太くんのことを思い出す。

彼は、箱庭で、こころの赴くままに、汽車や線路や町を作ったあと、そこに群がる人々の群れから、一人ひとり、人を取り出し、その首を無造作に刎ねながら、見るも凄惨な風景に一変させ、「これはレイの世界だ」とひとりごちた。「レイ」という言葉に、「霊」を思った私は、「レイって？」と思わず知らずたずねると、彼は、「零だよ。ゼロ。何にもない世界」と述べたのであった。

これなど、およそ詩などとは程遠い、即物的な表現に過ぎない、という方もあろう。しかし、その場に居合わせた私にとっては、彼の言葉は実に衝撃的であったし、「レイ」が「霊」でなくて、「零」だとわかった時点でも、なるほどナ、というおかしな納得と、へーっ、この彼から、こんな言葉が漏れ出すなんて！という深い感慨とが相半ばしていた。これこそ、まさに、詩のこぼれ出た瞬間なのであった。

また、これは子どもの例ではないが、おそらく、ヘレン・ケラー女史とサリヴァン夫人とのやりとりの中で、彼女がはじめて水を手に浴びながら、「水（ウヮラー）」という単語を発した瞬間こそ、まさに詩のこぼれ出た瞬間であったに違いない。

9　思わず知らず漏れ出ることば

あるいは、別のところで発表したことのある、あるチックの八歳の女の子を思い出す。彼女は、私に、ベッドで寝ているように指示しながら、「タケシ、ちゃんと寝てなきゃダメじゃないの」と叱り付けたかと思えば、さっと電話をとる仕草をしながら、「ああ、もしもし、カツ丼と天丼、一つずつもってきてくださる？」と言って電話を置いたかと思いきや、「リーン」と電話のなる音を口にしながら、さっと受話器をとり、「え、なんでっすって？　うちはコンドーなんかじゃないわよ。どうなってんの？　そんな間違い電話なんかしないでよ！　もうっ！」とガチャンと切り、「♪ちょいとあの子をひっかけて〜」ととても女の子の歌う歌とは思えない鼻歌をうたいながら、料理を作っているのである…。

これらの連続する光景や言葉そのものが、私にとっては、詩の生まれる瞬間であった。無論、これだとて、彼女の、おそらく彼女をとりまく日常のなかから取り出した一断片にすぎない、との見方もあろうが、この空間、この時間に、ほかならぬ私との関係性のなかで、彼女のこれらのイメージが、ほうふつと湧き出したのであったから、これを詩の生まれ出た瞬間、と考えて悪かろうはずはない。いな、こうした、何の変哲もないことばどものなかに、彼女のこころの中に潜む真実がほとばしり出てくるのである。そんなとき、私の心には、へーっというひそやかな驚きと、ほう、やるじゃないの、という称賛のまなざしがあり、うーん、これが本当の掛け値なしの女の子の表現なのだ、と感心しているのでもある。

また、この事例もいつかどこかで触れたことがあるけれども、やはり、九歳くらいの女の子であったが、ある日から突然に、「ウーワンワン！」と、まったく犬の吠え声しか出なくなった、といって連れられてきた子があった。児童相談所のどのセラピストが関わっても、いかんともしがたく、はるばる汽車に乗って、京大の私の相談室にやってきたのだったが、家族や連れの方々と離れて、彼女一人を私の研究室に招きいれて、私のある装置を彼女に見せた途端に、彼女の口から、

「うわっ、うわっ、こんなとこに、おもちゃが、いっぱい！」

と、それまで、「ウー、ワンワン！」しか言ってなかった彼女の口から、まさに人間の言葉が漏れ出たのであった。

（ちなみに、その、ある装置とは、図書館で廃棄物となった、雑誌用の書架を利用したもので、一見小難しい横文字の一杯ならんでいる、いかにもいかめしい研究室然としたたたずまいが、ひとたび、新着雑誌の棚をくるっとひっくりかえすと、中側には、箱庭用のおもちゃがずらっと並んでいる、という装置なのである。ついでに加えれば、私の箱庭には、内のりが通常の箱庭の外のりよりわずかに大きい蓋がつけてあって、これは通常カーペットがかけてあり、その上に花瓶かなんか置いてあるので、いかにもテーブル然としているのだが、これをさっと取り去り、蓋をあけると通常の砂箱になるのである。私の箱庭の装置はそれにとどまらず、さらにもう一段下にも箱があって、それに入っている砂は真っ白の建築用材なのだ。これは、三〇人に一人くらいの率なのだが、雪景色を作りたい、との言葉を漏らしたりしたときに用いるのだ。そして、さらに、これらの箱庭を乗せている台の下にはキャスターがついていて、どこにも運べる代物となっているのである。私が、今から三〇年近く前、南山大学時代に発明したものなのである。）

こうした、ひそやかな驚きがあらわれるとき、遊戯療法は、それそのものが、癒しの場となりうるわけで、こうした軽い驚きに対する感受性をこそ、しっかりと育てていくことが、遊戯療法のコツ、と言えるのではなかろうか。

10 目の前の子どもこそ最良の教師

ここに、遊戯療法のコツについて思いつくままに考えたことどもを書き並べてきた。とにかく、何にせよ、セラピーにおいてもっとも大切なことは、何々かくかくの百の理論よりも、まさに目の前にいる、子ども自身の、一挙手一投足に、細心の注意と関心をむけ、彼らのほんのちょっとした表情の変化や、立ち居ふるまいの一つひとつに、じっと心をむけつつ、耳をすまし、やわらかいまなざしをそそぎつつ、彼らを最大限尊重しつつ関わっていくことである。必ずや、すべてのケースにおいて、珠玉の表現や、まさに詩としか言いようのない言葉の発露をまのあたりにするに違いない。

第10章　芸術・表現療法とは何か

1　心理療法とは何か

心理療法とは何か。さて、ここでは心理療法と標記しているが、これは、従来、精神療法と書かれてきたものと同じものである。まず、この心理療法と精神療法とは、果たしてまったく同じなのか、どこか差異があるのかを説明する必要があろう。

実は、心理療法も精神療法も、psychotherapy（英、サイコセラピー）、Psychotherapie（独、プシコテラピー）、psychothérapie（仏、プシショセラピー）の訳語である。ここにおいて、この語の前半psychは、もともとギリシア語のψυχή（プシュケー）からきたコトバで、本来、「たましい、こころ、いのち、精神、精霊」などを意味する。そして、語の後半のtherapyは、やはりギリシア語のθεράπεια（テラペイア）からきたものであり、これは、第一に「待つこと、サーヴィス」の意味、第二に「好意、恩寵：世辞、求愛：ご機嫌」などを得るためになされるサーヴィス、第三に「ものに対する世話、ケア、優しさ」の意味、そして第四に「治療、病者へのサーヴィス」そして最後に、「動植物を養うこと、世話、介抱」の意味をもっていた語であって、これらの語が現代になって、「こころの治療法」を意味する言葉として合成造語されたのだった。

そして、このサイコセラピー／プシコテラピーの日本語への翻訳の際に、精神医学者が訳した際には「精神療法」、心理学者が訳した際には「心理療法」としてきたために、翻訳文化の国の悲しさで、このまったく同じ言葉が、おのおの違った文字を充てられたため、ときとして、違った二つの言葉があり、二つの違った概念を内包する語のように思われたこともあった。しかし、ここに明らかにしたごとく、もともとは同じ語からの翻訳であるから、ここではまったく同じ意味として取り扱う。

そこで、なにゆえ、筆者は「心理療法」と表記するか、と言えば、筆者は、会員数一万人を超す、日本心理臨床学会の機関誌である『心理臨床学研究』の編集長（執筆当時）を務めていて、そこにおいて用いる用語を統一して、サイコセラピーを「心理療法」としているためである。さて、用語のことはそれくらいにして、その内包する意味内容について説明を施しておかねばならない。

「心理療法」とは、「心理学や精神医学的な方法を用いて、言語的ないしは非言語的に、こころやからだに働きかけ、こころないしはからだに変容をもたらす治療法のこと」を意味する。ここにおける、心理学ないしは精神医学的方法とは、「精神分析」から「行動療法」に至る、広範なスペクトラムをもつが、いずれも、この一世紀の間に急速に発達してきたものである。

そして、今一つ、付け加えておくならば、この今で言う芸術療法の先鞭をつけたのはほかならぬユング（Jung, C.G.）その人であった。彼は、フロイト（Freud, S.）と決別して、たましいの彷徨を経験していたときに、自らがチューリヒ湖岸の砂浜にいくたびか砂絵を描いたり、石に彫刻をきざんだり、絵を描いたりすることによって癒されていくのを体験していたのであり、その頃わずかに彼が診ていた患者さんたちが、やはり絵を描きながら癒されていくのをつぶさに体験していたのであった。

2 芸術・表現療法とは何か

さて、次に、「芸術・表現療法」とは何かについて考えていこう。「芸術」について知らない読者はまずいないと思われるが、ラテン語のars（アルス）に端を発する英語のart（アート）は、フランス語ではart（アール）と文字面は同じでも発音が違い、ドイツ語ではまったく異なったKunst（クンスト）が、「芸術」を意味する印欧語のタームである。この「芸術」なる語は、もともとは絵画、彫刻などを意味する言葉であったが、現在では、俳句、詩歌、小説などの文学一般から、音楽、舞踏、映画、演劇など、広範な「人間の表現活動」一般を指す言葉となって定着している。

よって、印欧語では、芸術療法は、arttherapy（英、アートセラピー）、therapie d'art（仏、セラピー・ダール）、Kunsttherapie（独、クンストテラピー）と表記されるが、筆者は、随分長いことこの方法を「芸術療法」と呼ぶことに抵抗を感じていた。よって、その間、筆者はこれを「表現療法」つまり、expression therapy（英、エクスプレッション・セラピー）、therapie d'expression（仏、セラピー・デクスプレッション）、Ausdruckstherapie（独、アウスドルックステラピー）と呼んできた。その理由は、その名前から、治療者は無意識裏にどうしても「芸術」を指向してしまい、当然ながら「美」を追求するのが目的となってしまう恐れがあったからである。無論、経過の中で「美」を追求することはあってもいっこうに構わないのだが、こと「心理療法」である限り、その目的は「美」そのものではなく、「こころの苦悩の癒し」「からだの苦痛からの解放」、もっと言えば、「たましいの癒し」であるべきだから、と頑なに考えていたからであった。

しかし、中井久夫の、「統合失調症者によってたどたどしく引かれた一本の線も、芸術家の描いた一枚のタブロォも哲学的には等価である」（文献42）との言葉に接して以来、「芸術」なる言葉を芸術家だけに限定しなくとも、人間一般の表現活動そのものが「芸術」なのだ、と納得し、以来、「芸術療法」でいいのだ、と悟ったのである。無論、だからといって、先の危惧が消え去ったわけではない。

むしろ、本書を読んで、初めて芸術療法を始める向きには、筆者のこうしたこだわりをきちんと伝えておきたいと思うのだ。

つまり、たとえば、子どものセラピーの場合、ことに「遊戯療法」の際によく起こってくる誤りは、前章で述べたとおり、「遊戯」だから、楽しく遊ぶことが遊戯療法だ、と誤解している治療者が意外に多いことである。クライン（Klein, M.）やアンナ・フロイト（Freud, A.）が「遊戯（英play プレイ、独Spiel シュピール、仏jeu ジュー）」こそ子どもの治療にとって欠かせない、と看破したのは、遊戯そのものに子どもが抱えている幾多の葛藤や怒りや悲しみが表現されるからであって、これが表現されていく間、治療者はこれをともに体験するのであるから、けっして楽しいどころか、辛く苦しい道行きであることが多いのである。

芸術療法もまったく同じことで、必ずしも、美しく心地よいばかりとは限らず、醜く、薄汚い、しんどく辛い表現世界をともにしなければならぬことこそ覚悟せねばならないのである。かくして、筆者は、これらを「芸術・表現療法」と呼称しているのである。

3 心理療法としての芸術・表現療法

さて、ここから心理療法としての芸術・表現療法の内容に関わる議論に入るが、ここでは理解するのに分かりやすいと思われるので、「音楽」を例にとって論を進めることにしたい。

以前、筆者が勤めていたある精神病院において、ある高名な精神科医が、「音楽療法」を施行するとて、ベートーベンやモーツァルトやバッハの音楽を患者さん（心理臨床ではクライエントと呼ぶが、この際は、精神病院であり、治療者が精神科医であったのでこう呼んでおく）たちに聞かせておられた。氏が高貴で芸術的でかつ沈静的だと感ずる崇高な音楽をテープにとって、治療中、それを聞かせるというのである。拝聴していると、確かに、一部の患者さんにおいては効果があったと言えるであろう。しかし、その効果は無論、音楽そのものの力であろうが、筆者の心には、別のことが浮かんでいたのであった。つまり、彼が、「精神分析」だとか、「運命分析」だとかいうこむずかしいことを施行するときより、はるかに患者さんはいきいきしており、かつ、自由に見えたからである。そのココロは、彼が、患者さんに何もしないですむ、患者さんからいえば、何もされないですむ、という点にこそ意味がある、と思えたのである。治療者が患者さんに余分なことを何もしないで、かつ、彼にとっては気持ちのいい音楽を聴いているのであるから、とてもゆったりとした、いい状態で患者さんと接していることになるのだ。この点こそが、きわめて治療的だったのである。

かつて、河合隼雄先生は、「箱庭療法が心理療法としてきわめていいのは、治療者が何もしなくてすむからです。治療者は、解釈したり、介入したりせずに、ただクライエントの作る箱庭を見て、味わっているだけでいいのです」とおっしゃっておられたが（文献31）、まさにこのことと軌を一にする。つまり、治療者が余分なことをいっさいせずに、しかし、クライエントの横に「じっと臨在する」ことこそ、真に治療的なのだ。クライエントは治療者の静かに見守るなかで、こころを癒されていくのを体験していくのである。

余談となるが、筆者が左変形性股関節症の左大腿骨頭切断・人工股関節形成術をうけて入院していた際に、術後の疼痛を癒してくれた音楽は、ベートーベンやブラームスやワーグナーではなくて、バッハやモーツァルト、あるいは、エンヤであった。ベートーベンは重く息苦しく、よけいに辛くなった。しかし、バッハやエンヤはこころの底からゆったりとさせてくれ、モーツァルトは心地よくこころをくすぐってくれたのである。

さて、こうした、音楽を聞く、ないしは、聴くことによって癒す、という方法を、「受動的音楽療法（passive music therapy）」という。無論、その反対に、「能動的音楽療法（active music therapy）」とは、クライエント自らが音楽を作る、演奏する、ということにおいて癒されていく方法である。とくに後者で、筆者が大切だと考えていることをここに記しておこう。ピアノとかヴァイオリンだとまず技術の習得が絶対に必要であるが、治療場面ではともすればそういった技術的なことが前面に出なくてすむ打楽器がもっとも手っ取り早く、かつ、利用しやすい。そこにおいては、いわゆる「音楽」を演奏するのでなく、その時の、クライエントの気持ち、感情を表現するのであるから、強く激しく、かつ、速いテンポで叩くときや、静かに柔らかく、かつ、ゆっくりとしたテンポで叩くときもあるわけだ。これらクライエントの叩くに応じて、治療者のそのときの印象をあるいは、それに呼応しての反応を、やはり、あるときは強く激しく、あるときは、弱く穏やかに、叩きかえしていくのである。単にクライエントだけが表現するのでなく、セラピスト（治療者）も同じ地平で、同じ楽器で応ずるのがよいのである。まさに、ここにおいて、個人心理療法（精神療法）が成立すると言って過言ではない。

4　心理療法としての絵画療法

ここで、本章のうちのもっともオリジナルな議論にうつることにしたい。

筆者は、これまで、世界に先駆けての写真療法（Photo taking therapy　文献80）や、俳句療法、連句療法、箱庭療法、あるいは、小説療法など幾多のジャンルに跨がる芸術療法を行ってきているが、もっとも歴史的に古くから関わっている絵画療法について取り上げてみたい。もっとも、筆者が最初に行った絵画療法は、「集団実施・個人面接絵画療法」（一九六七）だった。あのときは、実施したのが精神病院であり、しかも、その病院には筆者の前には、心理療法を施す治療者がおられなかったので、実に目覚ましい絵画療法が展開したのであった。そのうちのいくつかはすでに公表しているのでここでは敢えてふれないが、主に統合失調症者を対象にして、毎週一枚一枚の絵を描いていくだけで、内的なドラマがどんどん進行し、きわめて治療的に展開したのであった。さて、ここでは、もっぱら、心理療法としての枠に限定されているので、ここからはもっぱら今も筆者が実行しているＭＳＳＭ法、および、ＭＳＳＭ＋Ｃ法について述べていくことにしたい。

「MSSM法（交互ぐるぐる描き・物語統合法）」（文献91）

さて、ここにいうＭＳＳＭ法とは、第三章でも紹介したMutual Scribble Story Making Methodのことで、当時はこれを、「交互なぐりがき投影・物語統合法」と呼んでいたが、臨床場面において「なぐる」の語はいかがかと、最近では、「交互ぐるぐる描き・物語統合法」と呼ぶことにしている。

この方法を臨床場面において始めるのには、前史があった。それらはいずれも中井久夫氏による教示からであったが、まず以下にそれを述べることにしたい。

「ぐるぐる描き法（Scribble Technique）」（文献50）

アメリカの女流精神分析家マーガレット・ナウンバーグは、絵画療法を施す際に技術的なことなどでおこってくる抵抗を最小限にくいとめ、なぐりがきが誘発する予想外の形やシンボルの中に、無意識的なものを見いだしていこうと考え、ごく自然になめらかに絵画治療過程に入っていける方法として、まず、クライエントに画用紙に自由になぐりがき（スクリブル）を描いてもらい、その上でそのなぐりがきから、何か具体的に見えてくるものを探し、それに彩色する、という方法を思いついた。たいていの場合、ナウンバーグはクライエントがこれを家に持ち帰って、いろいろ彩色したりして完全な絵にして次回にもってくる、という方法を採用している。これを一九七〇年に日本に導入した中井は、河合が箱庭療法において「統合失調症者は枠の中にさらに枠や柵をおくことが多い」と述べたのに触発されて発明した「枠付け法」を加えて紹介した。すなわち、まず、画用紙に、治療者がサインペン（原法は木炭であるが）で枠を施した上で、クライエントにそれを渡し、そこにクライエントにぐるぐる描きをしてもらう。そして、そのぐるぐる描きよって誘発される具体物を見いだし、絵を完成させるのである。

「スクイッグル（Squiggle）法」（文献75）

当初小児科医であったウィニコットは、後に自ら分析をうけて精神分析医となったその経歴でも分かるとおり、てだれの治療家であり、子どもとの治療の際に、この方法を思いついた。すなわち、まず治療者がペンでなぐりがきの描線をしてクライエントに渡す。クライエントはそこに見えてくるもの（投影）に彩色して返す。今度は、立場を逆転させて、クライエントがなぐりがきの描線を描き、セラピストに渡す。今度はセラピストがこれに投影して絵を描く……これを何回か往復するのである。つまり、「相互ぐるぐる描き法」というわけだ。

「相互限界吟味法を加味したスクイッグル法（Limit Testing Squiggle）」（文献46）

上記のスクイッグル法を紹介した中井は、スクイッグル法を行っていて、クライエントに治療者の投影内容がどう受け取られているのか、ではたと立ち止まり、結局、治療者が見たものをクライエントに告げ、クライエントも見えているものを取り上げ、これに彩色していく、という方法に修正した。これは、ロールシャッハにおける限界吟味つまり、反応をクライエントがどう見たかをクライエントに確かめる方法と同じことなので、氏は上記のごとき名をつけたのである。氏の絶妙なやりとりを引用してみる（文献44）。

まず患者がサーヴするとしよう。受け手の治療者は、渡されたなぐり描きの描線をためつすがめつし、投影の名称を口にし、なぐり描きの描線上にそれを指さし、決定因子をいい、そして患者にもそれがみえるかどうか聞く。「どうも、これは魚が泳いでいるところに見えるな。これが頭で、口あけてる。大きな魚かな。うーん、君には、どう、そう見える?」時には患者が、「クジラですねぇ」とか、「この辺は岩ですねぇ」とか横から口を差し挟むことがある。患者が口を挟みたくて何となくうずうずしてくることは、治療場面にある「弾み」というか一寸した溌剌さを与える。ここですでに対話が膨らんでゆくことは大いに結構であるから杓子定規に「あとで」などとは言わない。

「交互ぐるぐる描き・物語統合(MSSM)法」(文献92)

やっと、筆者の方法にたどりついた。実は私も、ナウンバーグの方法も、ウィニコットの方法も何度かやっていたが、とくにウィニコットの方法でやると、瞬く間に用紙が何十枚とたまり、私のように整理が苦手な人間にとっては、どれがどのクライエントのもので、どのセッションのどういう順番のものだったかが後では皆目見当がつかなくなるのに閉口したのであった。必要は発明の母、困難もまた発明の母である。ズボラな私は、このウィニコットの方法を一枚の画用紙の上で完成させてしまうことにしたのである。しかも、ときに中井氏が試みておられた「枠付け法」と「物語作成」を、必ずすることにしたのであった。よって、私は私のこの改良に、ウィニコットの原法とは異なるという意味を込めて、Mutual Scribble、つまり、「交互ぐるぐる描き投影法」とし、しかも、これに物語を作るのであるから、Story Makingを加えて、MSSM法としたのであった。

次に、この方法のやり方を簡単に示しておくことにする。

まず、画用紙（たいていは八つ切り大、なければＡ４）にサインペンで治療者が枠どりをして、クライエントにコマどり（線を何本か引いて、画面をいくつかに仕切ってもらう。普通は、６〜８マスくらいに）をしてもらう。そして、じゃんけんをする。勝った方が最初のサーヴつまり、最初のグルグル描きの描線を描く（但し、一番はじめはクライエントは何をしていいのか分からないので、勝っても負けても、治療者が最初のサーヴを受け持つ。次回からは上記のとおり）。そして、負けた側にサインペンを渡し、「さぁ、ここに何か見えてこないかな」と言い、見えてきたものに彩色してもらう。それが完成すると、役割を交替してまったく同じように何回か繰り返す。そして、最後にひとマスだけ空白のスペースが残ったところでこれを止めて、クライエントに、「さあ、ここに描かれたいくつかのもの（物ばかりとは限らない、人物や動物のこともあれば植物や架空の怪獣やアニメのキャラクターのこともある）をみな登場させて、物語を作ってくれるかい」そう言って、治療者がサインペンをもち、クライエントの作る物語をそのスペースに書き入れる（ときには、クライエントが考えながら書くので、ペンを貸してほしいと言って自分で書くこともある。むろん、そのとおりにすればよい）のである［口絵２、図10-4-1参照］。実際のやりとりについても七〇-七二頁に紹介した。

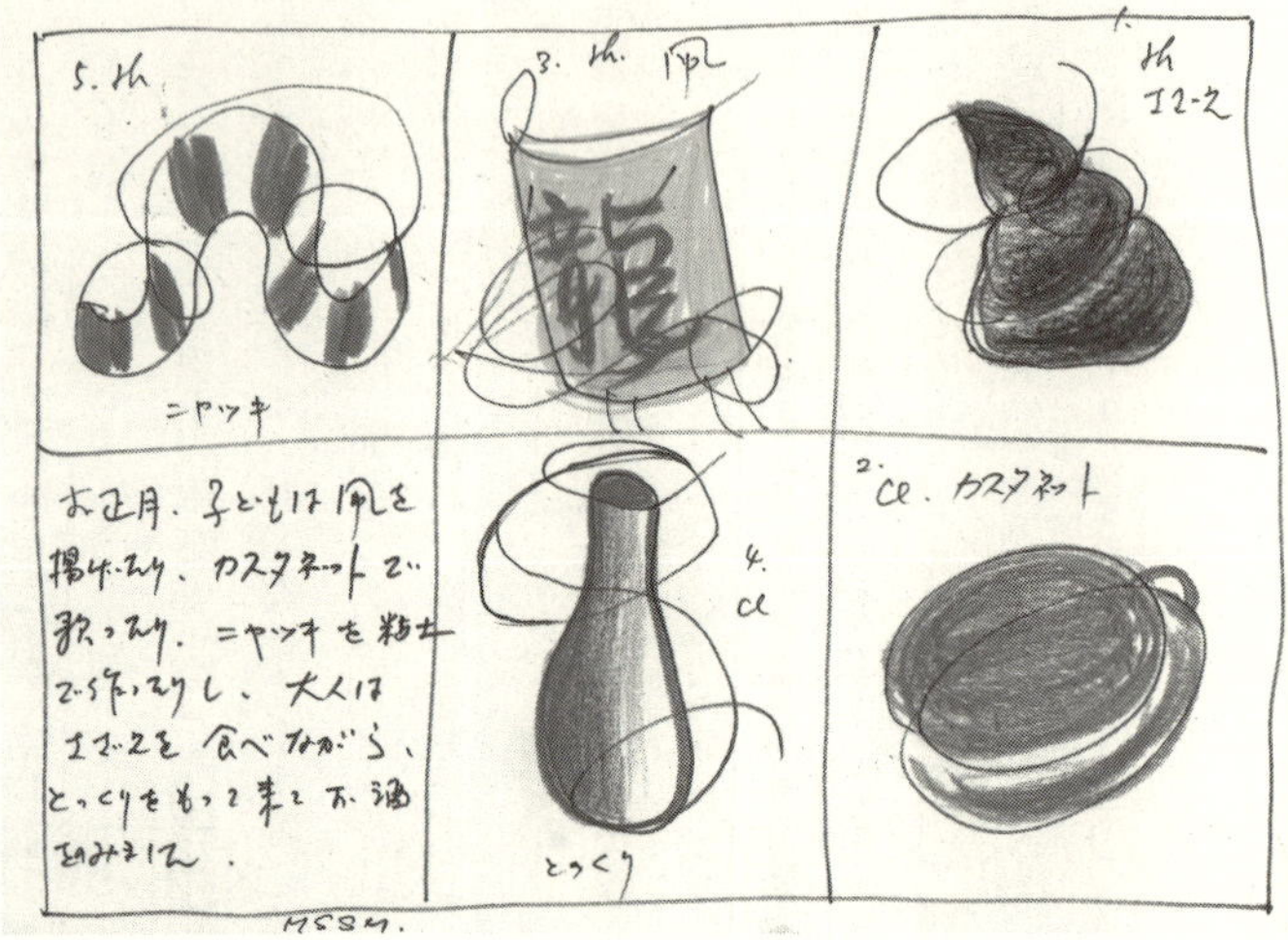

図10-4-1●交互ぐるぐる描き・物語統合（MSSM）法の一例（口絵2参照）

事例は中学2年のとき登校拒否で母親に連れられてやってきた女性Clで、以来ずっとMSSM法で治療を続けているケースである。アセスメントは、対人恐怖が根底にある不登校である。

××年1月16日の作品（以下Clはクライエント、Thは治療者）：

1）最初のスクリブル（ぐるぐる描き）はClで、投影すなわち見えた形に色を塗ったのはTh。投影されたものは［さざえ］だった。以下、スクリブル担当者→投影者［投影されたもの］の順に示す。2）Th→Cl［カスタネット］3）Cl→Th［凧］4）Th→Cl［とっくり］5）Cl→Th［ニャッキ（NHKの粘土アニメのキャラクターのイモムシの名前）］

［Clの作った物語］：「お正月、子どもは凧を揚げたり、カスタネットで歌ったり、ニャッキを粘土で作ったりし、大人はさざえを食べながら、とっくりをもって来てお酒をのみました」

解説：Clは、五つのアイテムを実に見事に自然なかたちで無理なく物語に取り込んでいる。現実にも正月で、このような風景は周囲にありえた可能性が十分にあるが、対人恐怖的な症状はまだ残っていたので、この現実感覚は大切に思われた。描かれた色彩をみると、Clのカスタネットは Thの凧の色と、とっくりの色はThのさざえの色と微妙に似ており、Thに同調していることが知られる。

「コラージュを加味したMSSM法（MSSM with Collage：MSSM＋C）」（文献96）

この方法は、実はMSSM法を施行している際に、クライエント自身が考えついたものである。すなわち、前記MSSM法を進めていく中で、何回かのぐるぐる描きとそれへの投影のやりとりのあと、次のぐるぐる描きを描く代わりに、「何か貼ってはいけないの？」と聞いてきたのだった。無論、「いいよ」と答えると、クライエントは週刊誌やパンフレットからいくつかのイメージや文字を切り取って張り付けたのである。その際、治療者も何か別のイメージを貼った方がよいことが多い。つまり、クライエントの意図的なものだけに限定するのでなく、思いもよらないものをどう取り入れて物語を作りうるか、も問われてくるからである。

それまでともすればぐるぐる描きの投影のみだと画面が落書きばかりになってむしろ汚い印象すらあったのが、たった1枚か2枚の切り抜き写真を張り付けるだけで、ぐんと画面が引き締まり、まさに芸術作品にもなりうることに気づかされたのである〔口絵3、図10－4－2参照〕。ただし、これの功罪は相半ばであり、クライエントによっては、やはり以前のMSSM法だけを好む人もあることを記しておこう。

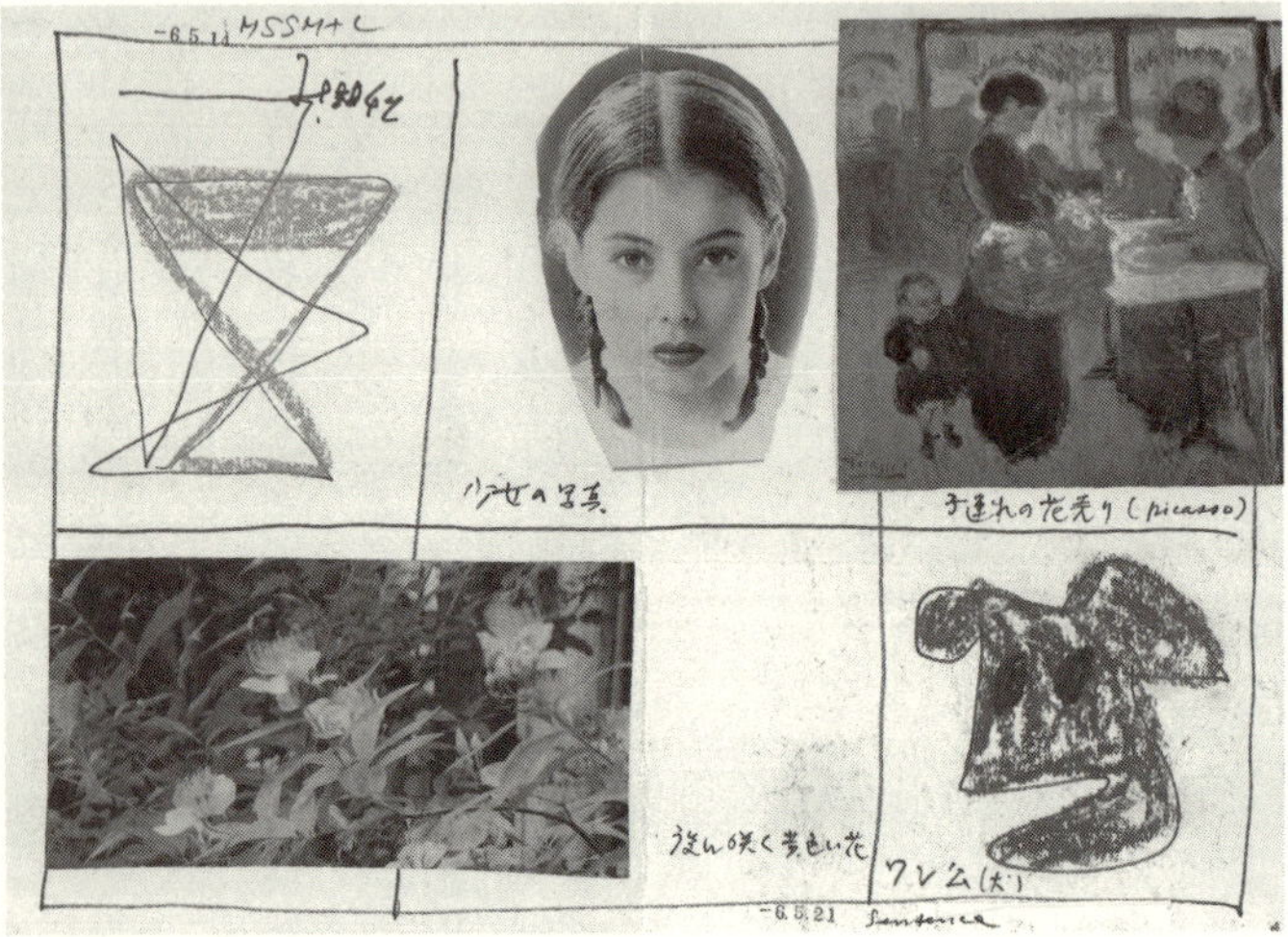

図10-4-2●コラージュを加味したMSSM法（MSSM＋C）の一例（口絵3参照）
症例はある年、自殺企図でビルの屋上から飛び降り両脛骨骨折で外科に入院し、筆者の所に紹介されてきた中年女性で、アセスメントは神経症性うつ状態であった。彼女はMSSM＋Cをいたく好み、これをもとに自宅で小説を書いてくるまでになった。ここに示すのはその一例。
××年5月14日のMSSM＋C作品で同5月21日に持参した小説が「十六歳の恋」（次頁参照）。
1）スクリブルはThで投影はCl［砂時計］2）Cl→Th［ワン公（犬）］3）コラージュ（Cl）［庭の黄色い花］4）同（Th）［少女の写真］5）同（Cl）［子連れの花売り（ピカソの絵画の一部）］

クライエントの小説作品：「十六歳の恋」
（太字はＭＳＳＭ＋Ｃに登場したイメージ）

僕は深夜から朝にかけて変な所で**少女**と逢った。僕はレコードを集めるのが趣味で、むちゃくちゃになって押し合いへし合いしているレコードを思い切って年代別、歌手別に整理していて、終ったのはもう午前二時前だった。もう眠ろうとしてトイレから帰ってくると、部屋の前にその少女はいた。**犬**を連れて。すごくきれいな少女だが、こんな時間こんな所で何をしているのだ。犬は小型犬で、少女の横におとなしく座って僕を見上げていた。「誰？ここは僕の部屋だよ」僕はまたママが新しいお手伝いさんを雇ったのかと思って声をかけたが、それには答えず、少女と犬は半開きになっていたドアからスーッと中に入ってしまった。僕はあわてて「困るよこんな遅く女性と二人でいたらママに叱られるよ」「大丈夫よあなたのママなら」と少女はいやに確信のあるふうに言ってニコッと笑った。「ねェ、チェスをやりましょう」「エッ、僕チェスなんてやったことないよ」「大丈夫、出来るのよ」いつの間にか少女はチェス盤を取り出し、テーブルに並べ始めた。おかしいなァ、何か変だなァ。何者だろう。何か懐かしい人の様にも思えるし、でも逢ったことはない。僕はひかれるように椅子に座り、チェスを始めた。眠気は飛んでいた。そして、驚いたことに僕はいつのまにかチェスをやっているのだった。

「ジェームス、今日はあなたのバースデーね。十六歳おめでとう。私も十六歳なのよ」「どうして知っているの」「私にはあなたのことは何でもわかるの」と、王様を取られて負けた。次は僕が勝ち、チェスの合間にいろいろ話しこんだ。「私の母はね、私が小さい頃、それは苦労して**花売り**や、洋裁をして育ててくれたの。苦労しっぱなしで、再婚もせず死んだわ」「お気の毒に。あ、この犬は何ていうの？」「プチよ。私の子ども。私も一生独身でね。プチが子どもがわりだったの」「一生独身って、君、まだ十六歳なんだろ？」「あっ、そうだったわ。じゃ、今日はこれくらいにして又明日ね。二時頃来るから、ドアを開けておいてね」僕はもうほとんどこの少女にいかれていたので、頷いた。「待ってるよ。プチもね」少女とプチは出ていった。考えてみると、話におかしい所もあるけど、気にしないことにした。もう朝だった。腹が減って食堂に行くと、兄貴がコーヒーを飲んでいた。兄貴は医学生。「早いな、目が赤いぞ。眠らなかったのか?」「ご名答。さすがに先生。そうなんだ。眠れないんだ。何か薬をおくれよ」「バカ」そのうち、父母も起きてきて、食事が始まった。僕はそれとなくあの少女を探したが、いつものお手伝いさんしか居なかった。あれは誰だったんだろう。食事をすませると、今日は学校が休講なので、グッスリ寝た。二時を心待ちにしていると、いつの間にか、少女と犬は部屋にいて、「さ、昨日の続きをやりましょう。やってみると面白いでしょ」と笑いかけてきた。「うん。今度は負けないよ」「ジェームスは頭がいいからね」と年上のような言い方をする。お互い十六歳だというのに。まるでおばあさんみたい。「プチはとても可愛くてね。賢くて、とてもいい子だったわ」と過去形で話したりする。プチはそこにいるじゃあないか。「ジェームスは犬は嫌い?」「じゃなくて、あの散歩さえなければ、飼ってもいいと思ってる」「ぜひそうなさいよ。散歩の面倒に勝る喜びを与えてくれるわよ」「うん、考えてみる」「ぜひ、そうしてね。そして、名前をプチとつけてくれると嬉しいんだけど」「うん」「よかったね、プチ。またよみがえれるんだよ、ジェームスのもとで」と又変なことを言う。プチは声を出さず、尻尾を振って、吠えるように口を二、三度開いた。声が出ないのかしら。気の毒に。「ところで君の名前、まだ聞いてなかったね」「エレーヌ。エレーヌよ」「いい名前だ。ずっと僕と付き合ってくれる?」「それは出来ないの」エレーヌは悲しげに言った。「明日でお別れしなきゃならないのよ」「そんなひどい。どうして僕の所に来たの?からかいに?」「からかうなんてとんでもないわ。あなたが好きだからよ。ジェームス。私はある所から許しを得て、三日間だけあなたと逢えることになったの。しかも、きっかり二時から朝方までね」「ある所ってどこ？」「それはジェームス、遠い未来あなたも必ず来る所よ」「どこだろう、必ず僕も行く所って。死の世界か？この一人と一匹はこの世の人ではないのか？もしかして」僕はまじまじとエレーヌをみた。何の変てつもない十六歳の少女だ。エレーヌもプチもほほえんで穏やかに座っている。「そうよ。あなたの思っているとおりよ」「じゃ、君たちは、もうこの世にいないの？」「そうよ。でも怖くないでしょ」まったく怖くなんかなかった。少しも。それどころか恋すらしているのだ。「そろそろいかなくっちゃ」なるほど、カーテンを通して外がうす明るい。「又、明日。そして、最後ね」「うん」少女と犬は出ていった。僕はこんな馬鹿なことがと思いながら、こういうこともあるかもしれない、と思い始めた。今日で最後なんて、淋しかった。よく聞くユウレイとはえらい違いだ。それは少女が美しいせいかもしれないけど。僕は本当にノー天気で、物事に動じない性格をもって居るなぁ、と感じる。二時を心待ちにしていると、少女と犬は来た。僕はチェスをしながら、「エレーヌは一生独身だって？」「ええ」「男嫌いなの？」「そう、少し病的にね。小さいときから苦労した母をみているでしょ。男はあてにならない。平気で女を裏切るのが怖かったのよ。それなら、いっそ一人の方が淋しいけれど、気楽でしょ。キズつくこともないしね。ズルイのかな」「そんな男ばかりじゃないと思うよ」「父はそうだったわ。まだ小さかった私と母を捨てて、若い娘に走った」「気の毒に。父親の影響ってすごいね。女の一生をかえちゃうんだもん」「そうねぇ。私も今になれば、融通のきかない意地悪な娘だったかもね」「けど、もう遅い」「死んでいるんだもんね」二人は笑った。「でも、どうして僕の所へ？」「明日、ママに聞いてみるといいわ」「信じるかな？」「信じるわ。このチェス盤を見せれば、きっとね。あ、もう時間だわ。ジェームス、ありがとう、本当に有り難う。怖がりもせずに、普通に話してくれて。私の思っていた通りだったわ。もっともっと一緒に居たかったのに。まるで砂時計を一振りしたみたいに短かったわね」「もう行くの？」「元気で暮らすのよ。あなたはきっと大物になれるわ」エレーヌとプチは、今度はスッと消えてしまって、僕はやっぱり幽霊だったんだ、と実感した。もう、二度と逢えない、と思うとエレーヌが恋しくてたまらなくなった。午後、ママにこの三日間のことを話すと、ママはさっと顔色を変えて、「どうしてもっと早く言わなかったの？」「だって、ちっとも怖くないし、害なんてもちろん与えないし、何だか懐かしい人の様だったんだ」「本当にノー天気な人ね。こっちへいらっしゃい」ママは呆れながら、僕を二階の死んだおばあさんの部屋に連れていって、鍵を開けた。部屋はほこり臭かった。ほとんどの家具は白い布に包まれていた。珍しげに見ていると、ママは古いアルバムの一等最初の頁を僕に見せて、「この人じゃなかった？」そこにはまさしくエレーヌが写っていた。写真も美しかった。「この人だよ、ママ。エレーヌ！」「やっぱり、エレーヌだったのね」ママはちょっと脅えたような顔をした。「この人はね、ママのお母さんよ」「でも、一生独身って言ってたけど、子どもだけ生んだの？」「いいえ、ママはエレーヌばあちゃんの姉さんの子どもなの。養女なのよ」「へェー」「死ぬ前にね、もうあなたの兄さんもいたのに、何故かまだお腹にいるあなたを気にかけてね。この子は男の子だよ。度胸の据わった男らしい男の子だよ、頭もいい。私はこの子が十六歳になったら、お祝いにいくよ。きっと」って、何度も言ってたのに、母さんすっかり忘れてたわ。バースデーおめでとう。ごめんね。おばあちゃんに顔向けできないわ。まぁ、本当に、十六歳になったら、逢いにきたのね。信じたくないけど、この世で説明のつかないこともあるのね」「ねぇ、どうしてだろう。僕の所に現れたってのは？」「きっとあなたが好みだったのよ。生まれる前から分かっていたんだわ。あの人も恋をしたことがなかったから、淋しかったんでしょ。あなたが怖がらずに相手をして上げてくれてありがとう。母さんも喜んでいるわ。きっと。私の目に間違いがないってね。きっと、十六歳同士で逢いたかったのね。初めての恋だったのね」「ふーん、孫と？」「その時の母はまだ十六歳なんだから、孫じゃないでしょ」「あ、そうだね」「でも、僕も好きだった。ほら、あの**庭に咲いてる黄色い花**よりも奇麗だったよ」「もう、忘れるのよ、ジェームス。終わったのよ」ママは僕のおでこに自分のおでこをあてた。ちょっと泣いてるみたいな目だった。「ママ、犬を飼ってもいい？」「ああ、プチのことでしょ」「うん」「いいわよ。でも、ちゃんと世話することよ」そして、ママと僕はしばらくそれぞれの感傷に浸りながら、庭の黄色い花を見つめていた。

【解説】 少しく長すぎるものとなったが、こういった洒落た小説がほぼ毎週、三年にもわたって作られていったのである（私はいつか、この人との合作になるＭＳＳＭ＋Ｃの小説集を出版したいと念じている）。ここに上げた作品はちょうど私が外来診療所を辞めることになって、お別れすることが決まった頃に作られたもので、以前には必ずといっていいほど自殺するか、殺されるかしていた主人公が、こういう形で生きる内容となり、しかも、明らかに治療者への転移感情（ここでは陽性転移、すなわち、軽い恋愛感情）を抱きながら、かつそれをも旨く乗り越えて、その別れをも許容している見事な内容となっていることに気づかれよう。

5 おわりに

以上、個人心理療法に関わって、筆者が実際におこなっている、MSSM法およびMSSM＋C法などとその周辺の方法を若干紹介するにとどめた。

ここではっきりと断っておくが、これらの方法は、まさに日常空間において苦痛や症状や病的な強迫などにがんじがらめになって、ほとんど遊び空間を失っているクライエントに、「ゆとり」を取り戻すことこそが意図されているのであり、解釈はほとんど意図していない。しかし、まさに箱庭がそうであるように、その全体的変化系列を通覧すると、おのずから、その治療空間に流れていたイメージの流れをつかむことが可能となることも往々にしてあるのである。ただし、治療者の側の反応は、いかにクライエントに対して最少の侵襲に抑え、治療空間をうまく保つか、いかに遊びごころを失わずに注意を払うか、などが問われているのであって、それには先に記したような中井の限界吟味など幾多の配慮が必要なのである。

また、芸術・表現療法と言えども、やはり、心理療法の一つである以上、その治療空間において起こってくる転移や抵抗などの心理療法一般の知識や経験が必須であることは言うまでもない。

第11章　心理臨床学からみたマンダラ

1　マンダラとは

マンダラとは、本邦でのかつての曼荼羅研究の第一人者栂尾祥雲師の『曼荼羅の研究』（文献67）によれば、印度最古の文学書『梨倶吠陀（リグヴェーダ）』には、「区分」の意に用いて、梨倶の賛歌を一〇に区分し、その一つひとつを「曼荼羅」と呼んでいたことから説き始めている。次いで、『大史詩（マハーバーラタ）』では、「軍隊」「畿内」「仲間」などの義とし、仏教の『巴利（パーリ）語聖典長部』などでは、たとえば地一切入曼荼羅（Pathava-kasina-mandala）などとあり、これを「円輪」あるいは、「円団」の意に用いていたという。そして、密教の曼荼羅が、「本質」「道場」「壇」「集」という四つの概念の総合であるとし、元来、mandaとは、「心髄本質」の義で、laとは「所有」を表す接尾辞であって、よって、mandalaとは、「心髄本質を有しているもの」の義であった。しかも、そこにおける「心髄本質」とは、ほかならぬ「悟り」の境地であり「大日経」具縁品には、「曼荼とは、本質の義、羅とは、成就の義なり。これ以上にその本質となるものなきが故に曼荼羅と称す」とある（以上筆者による要約引用）と、実に明快かつ詳細に説いてあるので、わが国の近代の曼荼羅研究は、すべてここに発すると言って過言でない。しかも、師は、その序の冒頭に、「曼荼羅は霊的に見たる宇宙の縮図にして、その中には宗教あり、哲学あり、倫理あり、芸術がある。ただに真言密教の専有物説としてでなく、各種の方面から各様に研究せらるべきもので、また、きわめて興味ある問題を提供するものである」と、実に、三四半世紀も前に、今日の状況を的確に見通しておられたことが知られるのである。

2 筆者とマンダラとの出合いと道行

なぜにかくも事大主義的に書き始めたかといえば、筆者とマンダラとの出合いは、実に、この栂尾祥雲師の大部の書物に行き着く所から始まったからである。こうした一見些細な曲がり道から出発することを許されたい。

筆者は、昭和四二（一九六七）年には大学の医局から派遣されてある病院に出向していたが、昭和四四年から別の病院に替わることとなり、そこで出会ったある統合失調症の患者さんとの縁で、某市のある真言宗の寺院の住職に出会うこととなった。その師のご好意で、所蔵の栂尾師の『曼荼羅の研究』（縮小版）をお借りし、それをお返ししたあと、紹介を受けて高野山大学図書館を訪ね、この栂尾祥雲師のもともとの書にまみえたのである。

そもそもそうなったのは、当時始めていた絵画療法や箱庭療法において、ユングがマンダラと称していた類いのいくつかの図像が、患者さんたちの作品にしばしば臨床場面で出ていたのだが、京都で開かれていた箱庭療法研究会で、昭和四四年のある時、カウンセラーの大谷不二雄という方がマンダラの頻出するある事例を出された際に、筆者の当時のそれらの体験について、二、三言触れたところ、即座に、その研究会の主宰であった河合隼雄先生から、「山中君、じゃ、一度、そのマンダラについて纏めて発表してくれないか」との宿題を戴いたのが契機だった。その結果の発表は昭和四八（一九七三）年だったと思う。たまたま、カルフ女史の *Sandspiel, seine therapeutische Wirkung auf die Psyche*（一九六六）の筆者らによる翻訳出版がなった『カルフ箱庭療法』（一九七二）の成果を受けてのことであったから（文献26）。

3 ユングのマンダラについて

精神医学者ユングは、すでにずっと以前から、彼が診ていた患者たちの中に、後にマンダラと呼ぶことになる不思議な正円と真四角とからなる形態や、四や四の倍数の出てくる夢を幾度か経験していた。そして、彼自身も、そういった夢を見、絵を描いていた。

彼は、『自伝』に書いている。

「私のマンダラ像は、私の自己（Selbst, Self）の状態についての暗号文であった。私ははっきり、ある中心についての感情をもっていた。そして、時が経つにつれて、自己を生き生きと表現できるようになった。それは私自身であり、私の宇宙でもある、一つのモナド（単一元素）のように見えた。マンダラは、この自己というモナドを表現しているのだ。だから、魂の小宇宙的な本性も対応しているのである。マンダラは中心なのだ。それは一切の道の表現なのであり、中心への道であり、個性化への道でもあるのだ。」（文献22、一九九-二〇〇頁）

そして彼自身、師フロイトとの理論上の意見が決裂して二人が決別したあと、ひどい方向喪失から、おそらく統合失調症次元といってよい状態にまで落ち込む深い彷徨状態を経験したとき、湖岸の砂浜に、あるいは、別荘の石壁に、あるいはその瞑想の部屋の壁に、あるいはキャンバスに描いたり彫ったりした形態は、のちに、リヒャルト・ヴィルヘルムから依頼された、中国の道教の書物『太乙金華宗旨』(*Das Geheimniss der goldnen Bluete*)のコメンタリーを書くにあたって、はじめて、それが中国やチベットでは、「マンダラ」と呼ばれていることを知ったのだった。

彼は、書いている。

「長い年月をかけてやっと、私には、マンダラとは一体何なのか、ということが分かった。それは、《形作っては、作り替える、永遠の意味での、永遠の楽しみ》なのである。そして、それこそが、ゼルプスト(自己)なのであり、人格の全体性なのだ。それは、すべてがうまくいっている時には調和的であるが、自身の幻想にふけることは決して許そうとはしない。」(同、一九九頁)

さて、ユング自身の描いたマンダラは、実に精緻で実にきめ細かく描き込まれて、間違いなく一つひとつがそれぞれの宇宙を表現していると言ってよいほどである。彼の代表的なマンダラ図像二、三点のみを掲げることにする。

図11-3-1●ユング「世界構成図（システマ・ムンディトリウス）」(1916)

［Dunne, C.（2000）*Carl Jung : Wounded Healer of the Soul,* p. 57より］

ユングが初めて描いたマンダラである。これは、アニエラ・ヤッフェ編『ユング』のp.76にも掲載されているが、不思議なことに、この絵だけ挿絵説明がない。ただ、この図の対立頁にエピグラフとして、先に自伝から引用したモナド論からの文章が掲げられているのみである。さて、筆者なりに、本図の描写をしてみよう。

［基本形態はすべて同心円で構成され、中央の円内には、青と橙色でおのおの8（4×2）つの歯車状の光条の出る太陽とおぼしきものが描かれている。よく見ると、この太陽も4分の1ずつに区切られ、左側は黒く、上は赤く、右側は黄色く、下は赤茶に塗り分けられている。その周りには、惑星や衛星が周回する軌道が3重に描かれ、その外側に、おのおの32（4×8）の光を放つ青と黄土の歯車状の光条が描かれている。そしてその外側にまたもや惑星の軌道が描かれ、その外側に、36（4×9）ずつの歯車状の光条が描かれている。その外周にまたもや惑星の軌道が描かれていて、軌道間の上下左右に、上から右回りに、ロウソクの炎（エロースと添え書き）、聖杯（マーテル・コンデンサ）、世界樹によって尻尾を切られた昆虫の幼虫（生命）、赤と青のハートを銜えた蛇が描かれている。先のロウソクの左右には、羽の生えたネズミと羽をもった蛇が対峙している。真ん中の軌道には、上には左右に広げた形の羽根のついたカプセルに、やはり両手を左右に広げた人が入っている図、右には南半球を見せる地球、下には蛇を呑み込む獅子を象った太陽、左は北半球を見せる地球と思われ、最外殻との間に、恒星が12個、そして、左に三日月、右に太陽が配されている。最外殻は、左は新月、右は惑星が描かれ、下には先の獅子に呑み込まれる蛇の尻尾がくねっている。色彩も複雑で、軌道も外から、右側は赤、青、となっているが、左側にいくと、黒、緑に塗られ、それぞれに深い宇宙論的な意味が込められている。］

図11-3-2●ユング「黄金の城」(1928)

[Aniela Jaffe (ed) (1977) *C. G. Jung : Bild und Wort,* p. 93より]

これが、ユングにマンダラの名を告げることとなった図像である。絵の下にはドイツ語で、「1928年、黄金の堅固な城を示すこの絵を描いた時、フランクフルトのリヒャルト・ヴィルヘルムが、中国1000年の古書、黄金の城、すなわち、不老長寿の萌芽に関する書物を贈ってくれた」とあり、以下はラテン語で、「カトリック教会、プロテスタント教会、そして秘密裏に隠されたもの。その時は終わった」と続いている。ここには、この絵を描く先駆けとなったユングの夢を掲げておこう。

《私はある街中にいた。汚い煤けた街だった。雨のそぼふる冬の夜だった。そこはリヴァプールと思われた。大勢のスイス人と一緒に、暗い通りを高台に向って歩いていた。高台に着いてみると、街灯に淡く照らされた広場が見えた。多くの通りがそこに集積していた。市街区が放射状にその広場を中心にして区画されていたのである。中央には丸い池があり、そのまた真ん中に小島があった。周りはすべて雨と煙りに濡れた夜の深い闇に包まれていたのに、この小島だけが陽光に光り輝いていた。その島にはモクレンの木が1本、赤い花を満開に咲かせて聳えていた。まるで、その木は陽光のなかで、自身が光そのものでもあるかのようだった。私の仲間たちは、見たところ誰もこの木に気づいてはいないようだった。私は、匂うようなこの木と、日に照らされた小島の美しさに見とれて、忘我の境地にあった。》(文献22、pp. 201-202)

図11-3-3●ユング「永遠の窓」

［Jung, C.G. (1950) *Zur Empirie des Individuationsprozesses*, in *Gestaltungen des Unbewussten*, Tafel 32より］

絵にはラテン語で、「1927年1月9日、友人のヘルマン・ジック死す。享年52歳」とある。ユング自身この年だと52歳であり、ジックとは同級生ではないかと思われる。

図11-3-4●ユングのボリンゲンの別荘の庭にある石彫のマンダラ

[Aniela Jaffe (ed) (1979) *C. G. Jung : Word and Image, facing pages, Bollingen Series,* Princeton Univ. Pressより]

ユングはフロイトと決別したあと、このボリンゲンの別荘に籠って、電気など近代的なものをいっさい断ち、薪や炭だけによる生活をしていたが、石壁や、いくつかの石に、いろんな彫り物をして自らを慰めていた。これらの石は、対岸のリヒタースヴィルから掘り出してきたもので、すべて彼自身が彫ったものである。ギリシア文字や、錬金術の記号に囲まれて、灯りを持った中央の小人はホムンクルスである。

余談だが、筆者の1975年の初めてのヨーロッパ滞在の際ここに立ち寄ったとき、近くのマックス・ツィンメルマンという人に船に乗せてもらって、このボリンゲンの塔を訪ねたのだった。偶然、ユングの長女アガテーさんの一家が水浴びに来ておられ、私も陽光が燦々と注いでとても暑くてほとんど裸同然の姿であったが、そのまま出会ったのだった。また、私どもの国際箱庭療法学会（ISST）が発祥した1982年に、ボリンゲンのこのユングの彫った石のマンダラの前で記念写真を撮ったことも思い出される。

4 以前筆者が経験した治療場面でのマンダラの作例

筆者は、以前は精神科医として、そして、この四半世紀は、心理臨床家として、絵画療法や、箱庭療法などのイメージ表現を用いる治療法に関わってきたが、その間に、幾多のマンダラ表現に出合ってきている。ここでは、それらのうち、いくつかの代表的な例について紹介したい。

図11-4-1●アスペルガー自閉傾向児、5歳男児の道路マンダラ（1973）

よく好んで描いた道路交差点の路上標識。交通巡査の立つ位置にある菱形の中央標識と、四つの右折矢印記号と、四つの歩行者専用道路、及び、四つの信号機が描かれている。単に、道路標識にすぎないのだが、彼は、こうした4から成り立つ、左右対称の図形がお気に入りであった。構造上は、明らかにマンダラと言ってよい。

図11−4−2●神経症性登校拒否の男子、17歳の作った箱庭のマンダラ（1967）
彼は、幾多のマンダラ様の箱庭作品を作ったが、治癒への展開点でこれを作った。中央に、四つ菱状に、砂が掘られ、そこここに貝殻や白石を置いている。中央上部には十字架。四隅には赤い屋根の家が置かれ、中央には白い天使が置かれた（口絵4参照）。

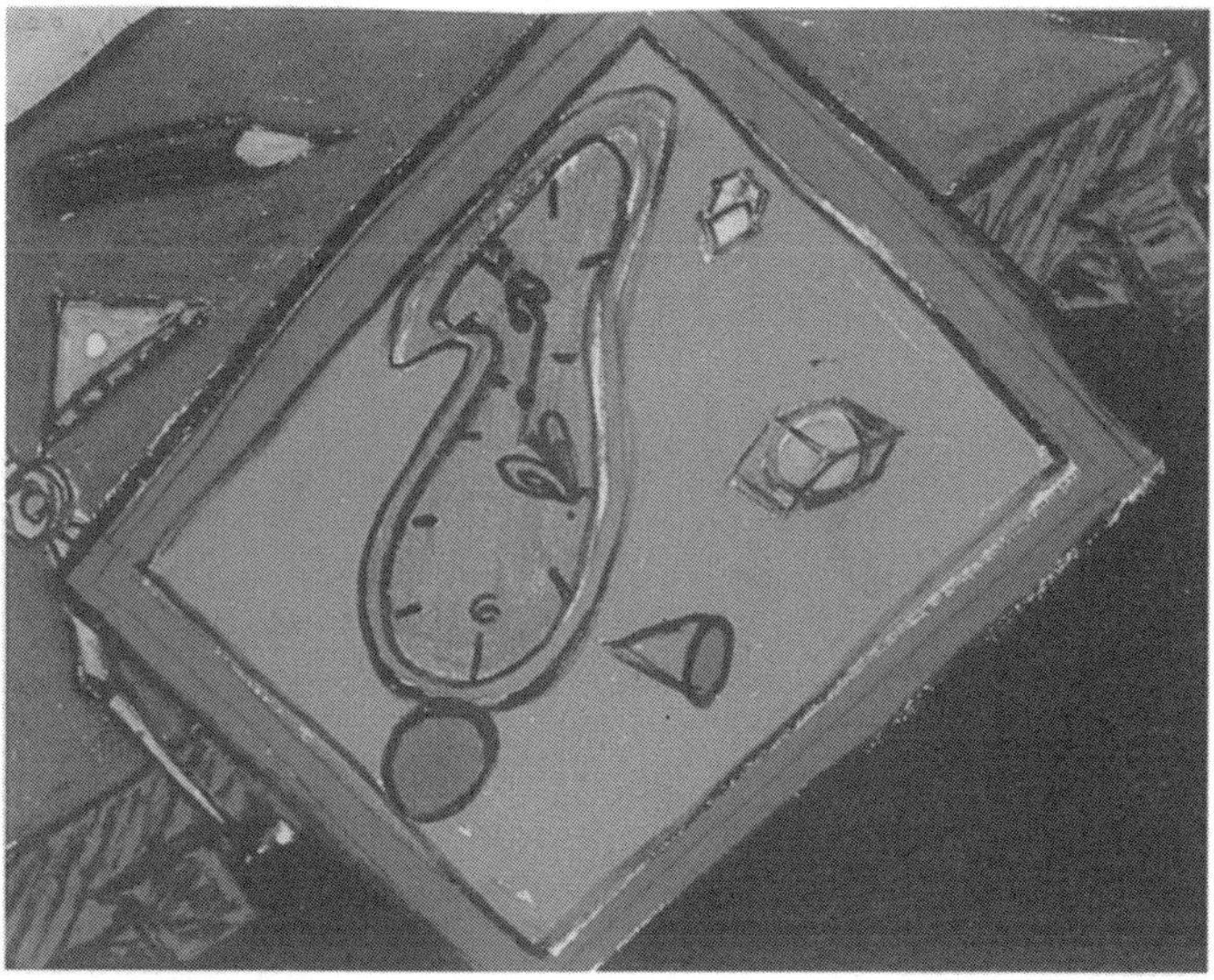

図11-4-3●統合失調症男子、23歳の描いた「柔らかい時計マンダラ」(1968)

統合失調症で、シューブ（急性再燃）を脱却して、精神の平衡を取り戻した際に描かれたマンダラ。彼は、ダリのことをまったく知らなかったが、知識としては知らなくとも、どこかで彼の「柔らかい時計」をみた形跡がないとは言えない。なぜならば、この時計は、今でこそ、市販されるオブジェにすらなっているが、当時はそういうものはなかったから、ダリの絵をみないかぎり、このモチーフをまったく独創として描くのには無理があると思われるからである。ただし、記憶のどこかにあったとしても、この時の患者の心的状態が、こうしたイメージにぴったりであった可能性は否定できない。宇宙空間に浮遊する他の物体も、立方体や、球や円錐などが四つあり、明らかに、マンダラのモチーフである（口絵4参照）。

図11-4-4●強迫神経症男子、24歳の作った箱庭作品（1990）

彼の特徴は、四方に枠があるのに、柵を置き、その中に真四角な芝生を敷いて、中央にインカの神像を置いて、その四隅に貝殻を置いたことである。枠と柵の間の空間に、怪獣や蛇やトカゲ、コウモリ、ゲジゲジなど幾多の怖いものたちがいる。柵の四隅には枯れた植物が植わっている。

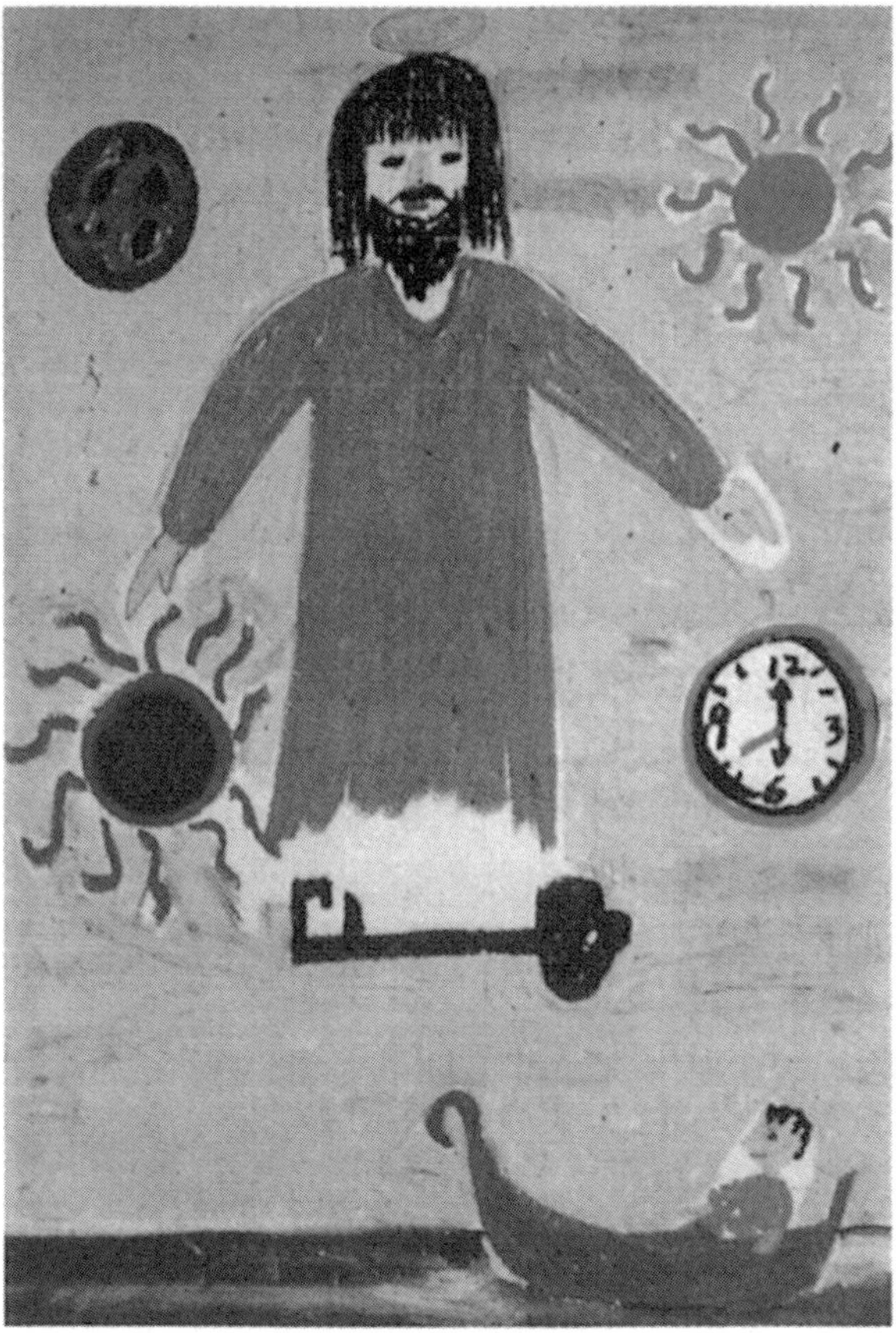

図11-4-5●蕁麻疹、25歳女子の描いた絵画作品（1967）

画面下には海が描かれ、船に乗った女性が画面中央の空間上に現れた巨大な男性像（彼女自身は、「大いなるもの」と呼んだ）を見ている。その像の右上から、太陽、時計、鍵、水玉の太陽、地球が描かれている。あのオウム事件を経過している現在の目からすれば、この男性像はまるで教祖浅原の姿であるが、当時、まだオウムは存在しなかった。また、本図では、マンダラの形態的特徴である円や四角はなく、四つの要素（実際には五つであるが、4＋1とみた）が問題となっているのである。

5　最近のマンダラ作品例

以前のものばかりでなく、最近筆者が経験した、もっとも新しいマンダラの作品例を一例提出する。カンディダートのM嬢は、台湾からの留学生で、彼女は彼地において、ある治療者から箱庭療法を学び、すでに数例の治療経験をもっておられたが、更なる追究をかねて、筆者のもとに留学してこられた女性である。

彼女のこれまでの箱庭作品は、以下のごとくで、足掛け三年、都合、一年三カ月にわたって、これまでに計二三回の作品を筆者の前で作り、うち、九つのマンダラを作った。ただし、彼女にはマンダラを作るという意識はなかったようであることが後で知られ、かえって興味深い。

Mさんの箱庭作品一覧

（1）02・10・22（初回）花咲く海岸で動物たちと天使。見守る紳士。背後にマリア像。［図11－5－1］
（2）02・11・21　モミジ曼荼羅［マンダラ1＝図11－5－2］とマリア様。
（3）02・12・5　川の流れ。仕事する人たち。鳥居。橋。

（4）02・12・19　街路を行く楽隊。雲の上の橋の上で見る人たち。
（5）03・1・7　池に遊ぶ水鳥たち。見守る動物たち。
（6）03・1・21　灯台とタワー。旅に出る人。
［故国の正月休暇で休み］
（7）03・3・26　再び海岸。鳥居の奥に魔女。遊ぶ裸の子どもたち。橋の上にマリア様。
（8）03・4・21　島（砂だけ）の頂上の樹木／樹木をとりそこに狼煙［マンダラ2、3＝図11－5－3、4］。
（9）03・5・6　五重の塔に蛇の曼荼羅［マンダラ4＝図11－5－5］。赤い橋と鳥居。
（10）03・5・22　中央に神殿。樹木に上る蛇。大波。
（11）03・6・4　（白い砂）縦位置。静かな波紋様の同心円［マンダラ5＝図11－5－6］。ビー玉。
（12）03・6・12　（白い砂）赤ん坊四人。見守る少女。遠くから見ている紳士。
（13）03・6・19　池が繋がる。神社にお参りする僧。亀と孔雀。
（14）03・7・16　宇宙空間に射程をおいたカタパルト。月面着陸した宇宙船。（超出のテーマ）［図11－5－7］
（15）03・7・28　川の源流。鬼の子三匹。
［夏休み］
（16）03・9・22　大木に集まる動物たち。
（17）03・10・7　大木の前の泉に貝の船の少女。木のなかには妖精。［四半マンダラ、図11－5－8］
［この日、MSSMを施行：宝物を探す女の子のテーマ］
（18）03・10・30　大木の前に憩う紳士。井戸がある。

図11-5-1●初回作品
マリア像の見守る海岸

図11-5-2●マンダラー1
紅葉に囲まれたマリア像

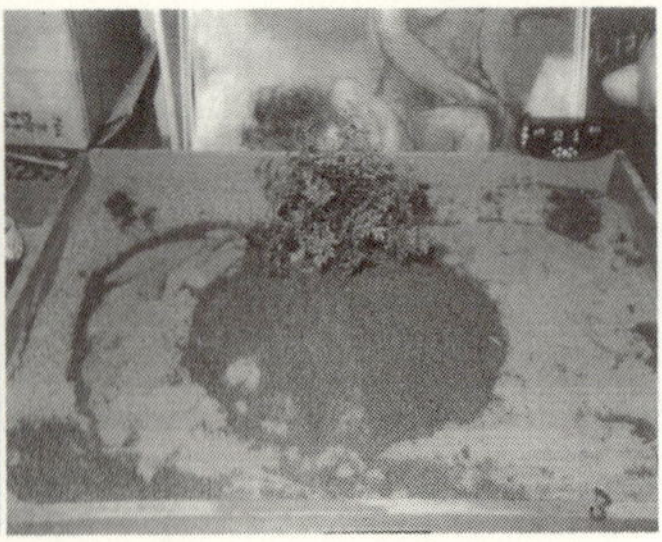

図11-5-3●マンダラー2
島頂の樹木

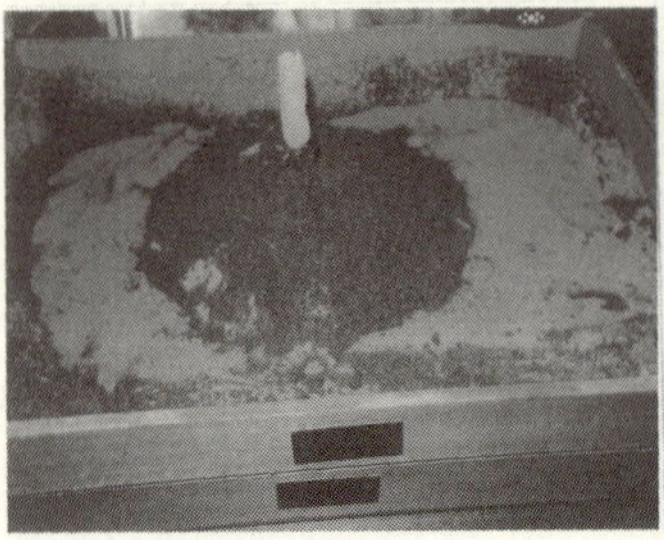

図11-5-4●マンダラー3
島頂の炎

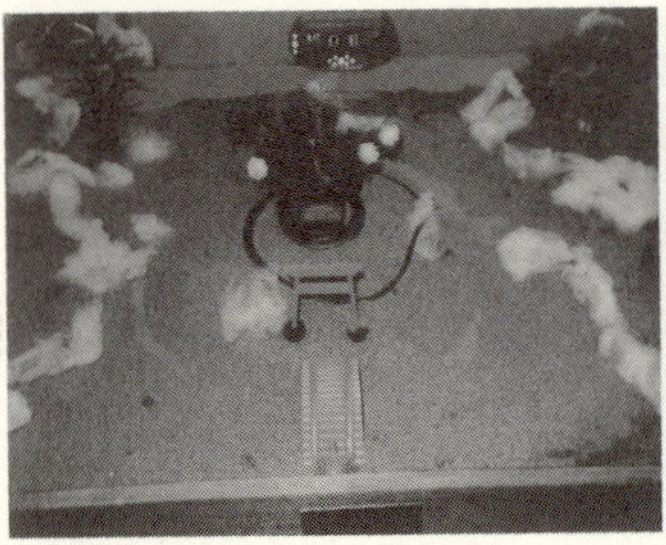

図11-5-5●マンダラー4
蛇の絡む五重塔

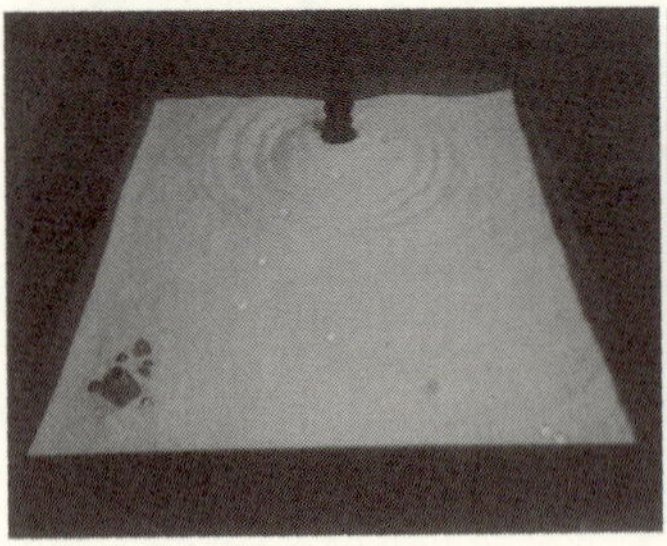

図11-5-6●マンダラー5
砂紋状の白玉

図11-5-10●マンダラ－7
雲界のファイヤーストーム

図11-5-7●宇宙空間への超出

図11-5-11●マンダラ－8
樹下のマリア様

図11-5-8●四半マンダラ

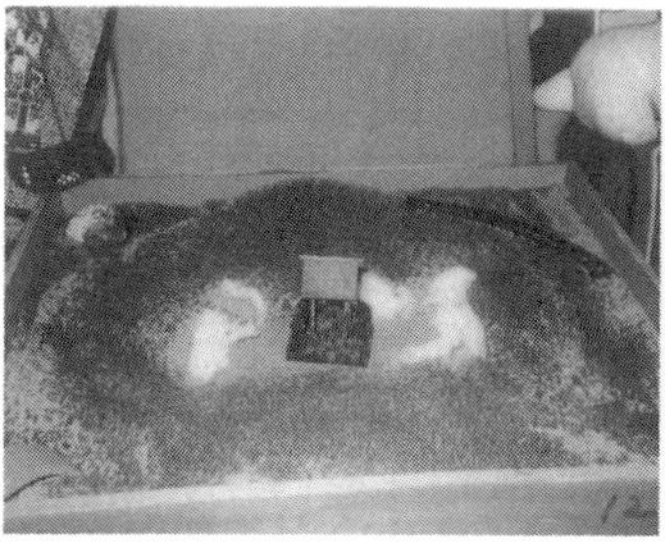

図11-5-12●マンダラ－9
雲上の井戸

図11-5-9●マンダラ－6
大木に降り注ぐ雨

(19) 03・11・6　大木に降り注ぐ雨［マンダラ6＝図11−5−9］。井戸。貝の上の炎。
(20) 03・11・20　炎の曼荼羅［マンダラ7＝図11−5−10］。回りを囲む人々。周囲に雲。
(21) 03・12・4　大木の根元のマリア様［マンダラ8＝図11−5−11］。瑞々しい川。花。実。
(22) 03・12・22　クリスマス。音楽を奏でる天使たち。観衆たち。
(23) 04・1・15　砂山の上の雲の中の井戸。シンプルな曼荼羅［マンダラ9＝図11−5−12］。

6　まとめに代えて

さて、以上、大変に簡略ではあるが、ユング心理学や、精神科臨床あるいは心理臨床の実際場面に登場してくるマンダラについて述べてきた。これらはほんの一端にすぎないが、これらの形態が、どういうときに現れてくるかについて触れて、本稿を閉じたいと思う。

まず、筆者の観察では、いわゆるマンダラ形態は、治療期間中少なくとも、二つの時期にみられる。それは、まず、たいていは、混乱状態から脱却して、通常の状態になる途中の時であり、今一つは、まったく逆の、まさに混乱状態に落ち込むときに、辛うじて、自我が踏ん張っている姿とも見えるのだ。

これらの二つの場合を、統一的に、たとえば数学的に表現するなら、微分すればゼロになる点、変曲点、つまり、展開点において現れてくると言えるだろう。

また、ユングのいう自己の表現としての、マンダラは、どういうことになるのか。筆者の最近のカンディダートMさんの事例でも、頻繁にマンダラとおぼしき形象や図像が現れてきているが、まさに、彼らは、自分探し、自分の安心感のより所を求めてきているのであり、たとえば箱庭などを置くことによって、象徴的に、自己に触れるのではないか。だから、これらのマンダラも、ユングのいう次元のものと等しいと思われるのである。

では、上に書いた、変曲点、展開点としてのそれとはどういう関係になるのかが解かれねばならないだろう。筆者の考えでは、自閉症や統合失調症の、辛うじて、奈落に落ち込むのを支えているものも、彼らのその時点での「自己」そのものの象徴的な形象なのであり、また、神経症者等が、混乱状態から立ち直って、新たな生き方を見つけていくときのそれも、新生したその時点での自己の象徴的な形姿なのだ、と考えてよいのではないか。そう考えれば、マンダラとは、自己の象徴なのだ、というユングの考えは、納得がいくのである。

さて、それでは、仏教、とくに密教の世界でいう、そもそもの曼荼羅とはどういう関係になるのか。これも筆者の考えを提出するなら、自己の内面に見えて来た、瞑想者の宇宙たる曼荼羅は、やはり、非常に高い、あるいは非常に深い次元において表現された、彼ら瞑想者の自己の象徴であると言ってよいのではなかろうか。ただし、そうした、知識や文化の蓄積によって、幾多の時代を降るにしたがって、それらが幾重にも重畳してきたものが、現代にまで残っている曼荼羅なのだと考えられるのである。

第12章「縁起律」について

1 はじめに

本章にいう「縁起律」とは、ユングのいうジュンクロニツィテート（独、Synchronizität）、シンクロニシティ（英、synchronicity）、つまり、従来は、「同時性」あるいは「共時性」と訳されてきた言葉と同じことを意味している。ただ、筆者がこのコトバに、わざわざ「縁起律」という訳語を与えたのには、それなりの理由があり、また、それなりの思い入れもある。ここにちょうどよい機会を得たので、筆者なりにこの概念について、思うところを纏めておきたいと考えるものである。

2 「縁起律、シンクロニシティ」のユングによる定義

まず、ユングが、この語に与えている意味について記しておこう（文献21・23）。サミュエルズらは、以下のように記載している（文献59）。少し長くなるが、定義なので、そのまま引用しておきたい。

必ずしも時空間の法則や因果律に従わない出来事を繰り返し経験したユングは、時空間原則や因果律に隠れて見えないでいるものの探求に身を乗り出して、「縁起律」の概念を展開し、以下の諸点にわたって定義した。

（1）「非因果的連関の原理acausal connecting principle」として

（2）別々の出来事に、互いに因果的な関連はないが（すなわち、時空間的に一致しない）、そのつながりに意味が感じられる事態を示すものとして

（3）別々の出来事が、時空間的に互いに一致するcoincide in time and spaceが、意味深いmeaningful心理的連関もそこに感じられる事態を示すものとして

（4）こころの世界と物質の世界をつなぐものlinkingとして（物質の世界とは、縁起律に関するユングの著作で、必ずではないがしばしば、無機的な物質界とされる）

ユングは、パウリとの共著「自然現象と心の構造」で、占星術の誕生宮 astorological birth signs と結婚の伴侶選択との対応を検討して、縁起律の原理を証明しようとした。そこには統計的連関といったものは見出せず、しかしそのパターンは偶然によるともいえない、と結論している。かくして、一九五二年、縁起律は「第三の可能性 a third option」として提起された（『全集』第八巻）。

しかし、この実験は多くの批判を受けている。調査対象は占星術を真剣にとらえる人々であり、従って、任意の標本ではなかった。統計も再検討された。しかし、より重要な点は、他の点はどうであれ、占星術を非因果的事象とみなせるか、という点である。にもかかわらず、この実験からはっきりとユングが偶然性と因果性の二元論を乗り越えようとしたことは分かる。偶然によって繋がるとされる現象は、実際には、縁起律に従って連関する可能性がある。しばしばユングは縁起律を、テレパシー現象のように、おそらくより正確には、心理学的ないし超心理学的現象と考えられる、広範囲に亙る現象に応用した。しかし、多くの人が、「意味のある偶然の一致 meaningful coincidences」を経験し、身の回りの出来事に何らかの目的を持った流れを感知しており、ユングの縁起律仮説が個人的レヴェルで直接意味を持つのはこの種の経験との関わりにおいてである。

縁起律の現象は意識水準が低下したとき、より明瞭になるとユングは述べた（Janet, P. の「abaissement de niveau mental 心的水準の低下」）。そこで生じることは、従って、分析での治療的価値を持つ。すなわち、無意識ゆえに、今のところ触れずにきた問題領域に、注意を向けることが出来る。縁起律を心に留めておくと、二つの危険性から分析家の身を守ることになる。一つは、すべてが運命だと感じてしまう危険性。もう一つは、純粋な因果的説明へと後退し、「患者の経験を変化に向けて作用させる代わりに、ただ経験の正体を暴露するだけ」(Williams 1963) になる危険性である。縁起律経験は、二種の現実（すなわち、「内的」現実と「外的」現実）が交差する所に生じる。

サミュエルズらの議論は、簡にして要を得ているが、筆者はさらにこれを一歩進めて、なにゆえに、シンクロニシティを縁起律と訳すに至ったかについて述べてみたい。

3 ユング自身の体験例

ユングがしばしば引き合いに出す彼自身の体験例の一つは以下のごときものである（文献21）。「ある若い婦人の夢分析の転回期に次のような印象深いことが起こった。それは、彼女が「夢にスカラベのカブトムシ（神聖甲虫）が出て来ましたの」と、語った丁度そのとき、ガラス窓をコツコツたたく音がしたので、ユングが窓を開けてみると、何とハナムグリというカブトムシによく似た昆虫が飛び込んできたのである。ユングははっしとこれを摘まんで、彼女に見せながら、「これこそ意味深い一致ですね」と述べたのだった。」

あるいは、ユングは自伝の中で、以下のような例をあげている（文献22）。

「私が、第二次大戦のさなか、ボーリンゲンの別荘から家に帰るときであった。私は本を抱えていたが、汽車が発車するや否や、誰かが溺れかかるイメージに圧倒されて、本を読もうとしても、どうしても読めなかった。そのイメージとは、私が軍隊にいたときの事故の記憶だった。汽車に乗っている間中、そのイメージに纏わり付かれていたのである。とても不気味な感じがして、何か事故でもあったのか、と訝っていた。エールレンバッハで下車して、徒歩で家に帰ったが、歩いている間も、まだそのイメージは続いていた。家には戦争のためパリから疎開してきた次女の子どもたちがいたが、彼らが異様な状態で突っ立っているので、「何かあったのか？」と尋ねると、「末っ子のアドリアンが、船小屋の水に落ちたの」と言うではないか。その孫は金づちだし、そこの水は深かったので、溺れそうになったのである。すんでのところで、アドリアンのすぐ上の兄が救いあげたのだった。それはまさに、私があのイメージに襲われたのと、まったく同時刻のことだったのである。」

もう一つあげる。ユングが四〇代の心臓神経症の男性患者を見ていたときのことである。以下は、彼の妻が語ったことである（文献19）。

「以前、私の祖母が亡くなった時も、また母が亡くなった時にも、いずれの時にも一群の鳥が家に押し寄せる、という不思議なことがありました。さて、今回、夫は、内科医のところで、心臓にはまったく異常が見当たらない、との診断書をいただいて、意気揚々と帰ってくる途上で、何とあの人は路上で心臓発作をおこして帰らぬ人となってしまったのです。が、私は、ちょうどその時間に、窓のところに一群の鳥たちが押し寄せているのを見ていて、その不吉な予感をすでに受け取っていたのでした。」

4　筆者自身の体験例

筆者は東京のあるグループの人々から、「無意識過剰」と呼ばれているらしいことを最近知ったのだが、実際、縁起律的な体験には事欠かない。以下に、代表的なものをあげてみよう。

「筆者の初めてのチューリヒ留学の時であるから、一九七五年のことだった。私は、チューリヒのネプチューン通りの九九番地に建つチェチリエンハイムというある尼さんグループが管理している下宿の五号室に住んでいた。ちょうど夏学期が始まったので、ユング研究所に前日出掛けた際、オーストリーからやって来たというある女性と初対面だったが、私の持っていた書物のことで二、三話をする機会があり、互いに名を名乗り会い、私は私の住所を彼女に教えたのだった。その翌日のことである。ちょうど郵便屋さんがチャイムを鳴らしたので、門の所に出ていって、ある小包を受け取ったのだが、そのとき、何と昨日知り合ったばかりの彼女が私の家に向かってやってきたところで、「ドクター・ヤマナカ、一昨日引っ越したばかりの私の住所にどうしてか、昨日知り合ったばかりの貴方宛の小包が届いたので、持って来たの。不思議ね」という。見ると、私宛の住所は、ちゃんと正確に、「Cecilienheim 5. Neptunstr. 99. Dr. Yamanaka」となっていたが、ネプチューン通りのところが結わえられた紐で隠れていて、チェチリエンと読め、ハイムは紐の下にいっており、5だけが大きく見えている。何で昨日知り合った彼女の所なんぞに行ったんだろう、と因みに彼女の昨日から住み出したという住所を聞いて驚いた。何と、彼女の住所は、チェチリエン通り5番地、つまり、「Cecilienstr. 5」だったのである！」

この話には、さらにおまけがつく。いずれも日本からのものだったが、まったく異なった発信地（東京からと徳島からだった）から届いた小包の内容が、まったく同じ「十一面観世音菩薩」に纏わるものだったことと、一方の小包には、それを、カルフさん（箱庭療法の創始者）に上げてください、との手紙がついていたので早速カルフさんに電話をしたのだが、何回掛けても話中ばかりでちっとも繋がらない。何回目かにやっと繋がったら、何と彼女の方も私に何回掛けても繋がらなかった、というのである。二人ともお互いまったく同時に掛けていたのだった。あのとき、二人とも、「これこそまさに、meaningful coincidenceですね！」と叫んだことであった。

今一つは、すでに書いたことなので、詳細はそちらを参照されたいが（文献82）、さわりだけを示すと、ある重症の神経病（シルダー氏病と多発硬化症の合併）の少女の死に際して、まさにその臨終の時に、彼女の叔母と、姉とが、同時に同じ内容の夢を見、あいついで電話を掛けて来たのだったが、電話口に出た母が聞いた二人の夢の内容はまったく同じ、筆者が彼女に「神巫舞美子」という諡《おくりな》を捧げた由来となった、「白い上着に赤い袴の巫女さんの服装をした彼女が、「私を大事にしてくれた、おかあさん、おとうさんを大切にしてね」と言ったあと、スーッと小さくなって、神棚に入っていった」という夢だったのである。

もう一つの例は、筆者の体験した症例から、かつて筆者が、「無意識的身体心像」なる命名をしたこともある、ある不思議な体験についてである。この症例には、「ユンさん」なる仮名を与えたので、すでにお読みいただいた読者もあると思われるが、六五歳を超えた彼には、「脳卒中後遺性精神障害、左半身麻痺、およびアルコール中毒」なる診断名がついており、筆者は当初知らなかったが、さらに、内科で、「右肺の小細胞性未分化癌」の診断がおりていて、三カ月持てば上の部であろう、と思われていた。そんなこととは知らない筆者は、彼に毎週会い、際限もなく続く彼の滔々としたお喋りを聞き続けていったのだったが、なんと、癌の診断がおりてから三年余の歳月にわたる付き合いとなり、その間に、次のような不思議な事態が幾度となく起こったのである。

「エスキモーは夜中に一度だけ熱を出すらしい。それは、食物に植物が殆どないから、葉緑素がないためなんですな。それを治すのには、まず海上の氷の一点に穴を開ける。するとそこからすっと酸素が入るから、サケの群れが押し寄せる。時には氷の上に滑り出すこともあるくらい凄いですわ。それを捕らえて食うのです。エスキモーにとって、だからサケは葉っぱと同じなんですな。海中にはわずかながら葉緑素のある植物があり、サケがそれを食っとるからです。」この話のあった日、ユンさんには時々熱が出ていたので、レントゲンをとると、右上肺野下部に発生していた癌の拡大による無気肺の伸展で、彼は多分に酸素不足の状態にあったことが確かめられたのである。

さらに後日、「カナダの北方で雁（ガン）が異常発生しよって、これがアフリカへ飛ぶんです。そこではバッタが異常発生していて、新しい草を全部食べてしまいよるんですが、移動した雁がこれをまた食べよるんですな…」と言う。実は患者には癌のことは何一つ知らされていなかったが、この、「雁の異常発生と大移動」の話はあまりに筆者に印象深かったので、再びレントゲン撮影を試みると、何と、肺癌の脳への転移が見つかったのであった。

さらに数日後、「カナダの西海岸から八〇〇キロ東に入ったところにキング島という島があるそうですね。そこの島にはコンブやワカメが年間一〇万トンも、何もせんでも打ち上げるため、そこへ行く船はスクリューが引っ掛かって困るとかです。それを土の中に埋めておくと、毒性のガスが発生して、雁が落ちるのだそうです。」この頃、咳や痰がひどく、右肺の悪化は激しかった。

そして数日後、「アラスカの東方一二キロのところに砂漠があって、そこの砂は塩分が多いんですな。そして、不思議なことに、シベリア上空の雲が、そっちの方に引っ張られとるんです。」ユンさんの右肺は、この頃完全に無気肺状態を呈しており、内蔵は大きく片方に引っ張られた状態にあったのである。

上に、少しだけ抄出したイメージ群は、筆者の考えでは、おそらく、ユンさんは、「夢」か「ヴィジョン」の形で受け取り、それを言語化してのものがこれらの話だったのではないか、とみている。つまり、身体心像が、無意識の回路を通って、意識に到達したものがかく言語化されたのであろうと思われるが、外的には、これらは、まさに「縁起律」的な事象として観察されたのであった。

5 「縁起」ということばについて

「縁起」といえば、「縁起がよい」、「縁起をかつぐ」や、「縁起でもない」などの日常語に始まって、「信貴山縁起」なり、「愛宕山縁起」なりの、神社仏閣の由来に関わるものなどいろんな使い方がされているが、何と言っても、見逃せないのが、仏教そのものに内在する、もっとも深い思想としての、「縁起」観である。ことに、唯識学派のそれは、深い叡知に基づき、仏教の根幹に関わるものと言ってよい。

仏典をひもとけば、「縁起」とは、サンスクリット語の、プラティーチャサムートパーダ pratitya-samutpada の訳語で、「一切のものは種々の因（直接因）や縁（間接因）によって生じる」という考えを表す。小乗仏教の方では、「十二支縁起」といって、「老死なる苦の因を愛（渇愛）や無明（無知）

に求め」たり、「業感縁起」といって、「過去世、現在世、未来世の三世に亙る業の因果とみる」ものや（「説一切有部」）、「六因四縁五果」といって、「客観世界や客観現象までも説明しうるとする」ものなどがある。

以上は、「悟り」を含まぬ、小乗のものであるが、大乗仏教では、「真如縁起」あるいは、「如来蔵縁起」といわれる、「この現象世界は真如（如来蔵）が縁に従って現れたもの」とみるもの（「大乗起信論」）、「法界縁起」あるいは、「重々無尽縁起」といって、「現象世界そのままが真如である」とみるもの（「華厳経」）、「頼耶縁起」といって、「この現象世界は、われわれ一人ひとりの業が蓄積された深層にある阿頼耶識から発生したもの」とする、唯心的な縁起説（唯識学派）などがある。後者の文献『十住心論』には、「甚深の縁起の道理を観察せんと楽ひ《ねが》、最極の空・無願・無相の作意に安住せんと楽ふ」とある。

6 「縁起律」ということばについての筆者の定義

さて、前節の仏教の方の「縁起」に、大いに関係があるものの、結局、仏教の言う「縁起」は、その中に、いわゆる「因果律」を内包したものである点で、筆者のここに言わんとする、「縁起律」と大きく異なることになる点を強調せねばならない。

すなわち、「縁起律」とは、通常世界の諸現象間の因果関係を説明する「因果律」とは、真っ向から対立する独立体系なのであり、これら二つは、互いに他を補う、いわゆる「補償関係」にある二体系なのだ。そして、この「縁起律」を、

「時空を貫いて、意味を同じくする事象が、同時的に、とくにクロノス（時計で計られるような誰にも均等な科学的時間）のみならずカイロス（個人でおのおの異なる心的体験時間）を共にして、コンステレート（布置）されることを説明する原理である」

という意味内包をもつものと定義したい。

7 いかなる現象に「縁起律」が関わってくるか

さて、この小論の最後にあたって、いかなる現象に「縁起律」が関与するのか、という点について述べておきたい。

その前に、「因果律」の適用される現象について述べておく必要があろう。容易に予測されるように、「因果律」は、いわゆる客観的と称される、殆どの事象を説明するのに、きわめて有効な原理で

ある。つまり、「物」と「物」が関わるものの大部分はこれで説明されうると言ってよい。ただし、「物」と「物」の関係であっても、その範囲が、たとえば、原子の内部であるとかいった、きわめて小さい範囲になってくると、アインシュタインやハイゼンベルクらの言うように、相対性理論や、不確定性原理などを必要とするように、まったく別の様相を呈してくる。

さて、「縁起律」は、いかなる状況下に起こってくるのか。それは、「心」が関与する際に問題となってくると考えるのである。よって、「心」と「心」の関係性に関与することはもちろんのこと、「心」と「物」の関係性においても関わってくる。だからと言って、「心」の関与するものはすべて「縁起律」だけが関与するのかというとそうでもない。「因果律」が関与するものも大いにある。これらのことを説明するのに、筆者は、「心」を考えるモデルとして、しばしば「光」モデルを援用する。つまり、「光」は、ある時は、「粒子性」で説明され（直進、屈折）、ある時は、「波動性」で説明される（干渉）が、それらは、二律背反的に起こっているのでなく、背反する二つの事態が同時に起こっているのであって、互いは互いの補償関係にある。「心」もつまり、これと同じで、「因果律」と「縁起律」が二つながら関与していて、互いに他を補償しあっている、とみるのである。

ついでに、最近筆者が考えていることを、仮説的な段階ながら大胆に述べておくと、従来の「医学モデル」によるものが、「キュア」ＣＵＲＥつまり、「治癒」を目標におくものだったのに対して、たとえば、老人やホスピスの問題に際して新たに浮かび上がってきた、「ケア」ＣＡＲＥつまり、

「看護モデル」が再認識されているが、筆者は、さらに、「心理モデル」ないしは、「魂モデル」として、コアCOREつまり、「魂の核心」にふれる関与、つまり、「生の意味」や、「死の受け入れ」といった、「生きることの核心」に触れる関与こそが是非必要であると考えているのである。そして、その際、問題となってくる原理が、ここに述べた、「縁起律」なのだ、と考えているのである。

第13章 心理臨床からみた老人

1 老人の心理臨床の歴史的概観

老人臨床は、現代のもっとも中核的な問題をはらんだ領域である。それは、食生活の高度な改善や医療技術の驚異的発展、あるいは、地球上の一部地域には依然として戦争や飢餓が残っているものの、いわゆる先進地域では戦争による殺戮からの解放などによって、平均寿命が八〇歳を超す、という事態を生み出した必然的な〝つけ〟であろう。かくして、二一世紀を迎え、近い将来には、人口の四分の一が六五歳以上となることは必定なのであり、この問題を中核的な問題とせずして、政治も文化も医療も心理臨床もなりたたないことは誰の目にも明らかなことである。

さて、まず、老人心理学の領域からこれを眺めてみると、老人の分野に心理的な試みが始まったのは私の調べ得た限りでは、ベルギーのケトレ（Quetelet, A.）の、「人間とその諸能力の発達とについて、もしくは『社会物理学論』（一八三五）による、「人間はある法則によって生まれ、成長し、死亡するものである」との考えのもとに提出された、「平均人」の「身体および精神の発達と、それが自然ならびに社会の諸種の勢力下で受ける変化」を扱ったものであった（文献14）。以来、イギリスのゴールトン（Galton, F.）、ロシアのパブロフ（Pavlov, I. P.）などに引き継がれていく。なお、これら純粋に心理学的な試みからさらに心理療法的なアプローチに視点をあてると、これも筆者の調べ得た限りでは、カウフマン（Kaufman, M. R. 1940）の論文「Old age and aging, The psychoanalytic point of view」が嚆矢ではないかと思われる（文献27）。ここでは、「老年者独特の心理療法をおこなうためには、老年者に対する独自の適応の問題を考えていくことが重要だ」としている。以後、アレキサンダー（Alexander, F. C.）の『心身医学の誕生』（文献3）や、アブラハム（Abraham, K. 1949）の *The Applicability of Psychoanalytic Treatment to Patients at an Advanced Age*（文献1）の仕事が続くし、わが国では、新福尚武（一九五五）の「老人の精神病理」（文献62）がもっとも先進的な仕事であると思われるが、土居健郎の『老人の精神衛生』（一九七二）や、おなじ著者の「老人の死生観」（文献9・10）、は一読に値する名著である。なお、後者の論文を載せているのと同じ書物に岩井寛（一九七五）が「老年期の精神療法」を書いているがこれも啓蒙的である。また、大橋一恵（一九八〇）の「老年期患者の精神療法」

(文献52)や、山中康裕(一九八二)の「抑鬱性新気症老人の箱庭療法」(文献88)、あるいは同じ著者(一九九二)の老人心理療法の集大成としての、『老いのソウロロギー(魂学)』(文献99)、あるいは、氏原寛(一九九四)らによる『老年期のこころ』(文献70)などが本格的な心理療法的試みによるものと言っていいだろう。最近では、黒川由紀子、進藤貴子や久保田美法ら若い層が精力的にこの道に志してくれているのが嬉しいことである。

2 老人の心理臨床でこころすべきこと

以前には、老人の心理療法とりわけ精神分析的な試みは、フロイト(Freud, S. 1924)が述べたように、「四五歳以上の人間は自我が固まり、性格が固定化してしまって、そうした人間の神経症を治癒させるのは難しい」と考えられ(文献13)、さらに上の年齢である老年に至れば、だんだんと自我がこわれていく過程にあるので、心理療法など無意味ないしは無効とされていたが、しかし彼らには、いわゆる若年者において目的とする洞察を目的とするのではなく、残された情緒を核として、大橋の言う「教わるがごとく」あるいは、山中や進藤の言う、彼らの「ディグニティ(尊厳)」をそこなわず、萱原のいうように「受容的に」接していくと、かりに彼らが痴呆性の状態にあろうと、かつて彼らがもった黄金時代の輝きが一瞬もどることもあり、彼らが生きて来た人生を彼らなりに納得して、「従容として死を受け入れていく」ことに至るのであり、これこそがこの期における目的なのだと言ってもよいほどでなのである。さらに久保田は、彼らの何げない語りに、あの世とこの世の橋渡しのよすがをも見ようとしている。よって、老人に説得したり、解釈したり、といった方法で接することはほとんど意味をなさず、もっぱら彼らの言うところに聞き耳をたてることとこそが、その王道となることが知られよう。

3 最近の私のひそやかなる試み

私は、いわゆる老人ホームや老人病棟あるいは老人デイケア施設などにおいて、よくみかける風景であるところの、「チイチイパッパ」や「ぽっぽっぽ」のごときまるで幼稚園と同じ考え方で歌い接する接し方にきわめて懐疑的である。無論、だからと言って、たとえば彼らと歌をともにする際に、童謡が好まれることは否定しない。否定しないどころか、それはきわめて大切なジャンルなのであり、注意深く聴いていれば、彼らの選ぶ歌は、「雨降りお月さん」「花嫁人形」「赤い靴」「青い目の人形」「海（昼の海）」「月の砂漠」など、香り高く詩情豊かな情感あふれるものが多く、普通考えられるような、言葉が簡単とか、分かりやすい言葉で綴ったもの、というわけではないのだ。以前どこかで書いたことだが、日常の言葉は崩れて、もはや「あああ」とか、「ばばば」の類いの言葉ともいえない言葉を発して涎を垂らしていた八〇代の女性が、ひとたび私が「山中節」を唄ったところ、急に態度が変わって、「にのいとがちがう」(彼女は元、三味線のお師匠だった)と凛と言い、私の手をピシャリと打って、そのあと正確に二番まで唄い通したことがあった。そんな例をあげるまでもなく、彼らには、情緒的な部分では、ちゃんと保たれている部分があるのであり、むしろ、老年期の心理臨床は、そういった辺りに力点をおいたものとなることが望ましいとさえ言える。かといって、上に述べたように、一方では必ずといっていいほどに、「死」の問題が伏在しているのであり、ただ楽しければよい、光の部分に光をあてるだけでよい、ということにはならず、影の部分をきちんと押さえていなければならないと思うのである。

そこで、私は、この数年試みている二つのことがある。一つは、老人慢性病棟での、「コラージュ」と「連句」の試みであり、今一つは、老人デイケアでの、「唄と語りのコーナー」である。ここに簡単にそれらについて触れておこうと思う。ただし、これら三つとも、いわゆる正統派的な心理臨床からすると、少しずれていて、そとからみればほとんど遊びに近いものと見えよう。しかし、これは、医師や看護師らによるしっかりとした守りがあるならば、それらの中で、臨床心理士やケア・ワーカーなどが独自におこなえる領域であり、今後、各方面ですすめてもらっていいのではないかと思うのである。いずれも、私は、週一回ないし二週に一回の、病院での臨床の中で試みているものなのだ。

まず最初の、「コラージュ」であるが、これは、台紙となる画用紙(八つ切り)と、鋏と、ノリと適当なイメージ群(雑誌やパンフレット、広告など)を用意し、数人の希望者を募って(常連組と、臨時参加組とがある、双方併せて五、六名から一二人前後まで)、約一時間を使って制作してもらう。この方法のよさは、上手下手が捨象されることと、よって誰にもできるということなのだ。鋏を使えなくなった人でも、彼らの好きな絵や写真を選んでもらえばいい。それを彼らに聞きながら切ってあげ、彼らにわたして、好きなように貼ってもらうだけでいいのである。ここでもっとも大切なことは、必ず参加した人の作品すべてを、画面に名前と日付を付して、壁に張り出してあげることなのである。彼らはそれをとても喜ぶ。どんな人もためつすがめつ眺めて楽しんでいる。ただ、自分の好きなイメージを選んだだけ、それらを切って貼っただけなのだが、そうやって台紙に貼り付けて壁に張り出すと、いかにも彼らの「作品」になってしまうところが面白いし、彼らの日頃の言動や性格、さらには彼らの生活史などを知っていればなおのこと、彼らの一端が実に端的に表現されていて面白いのである。私の場合、これを二週に一回の割合で施行している。何人かは必ずこれを心待ちにする人が出てきて、常連になってくれるので、一貫して維持出来ていくのである。ことさらに分析や解釈などは加えずともよい、まさにこれは楽しんだらよいのである。私の一番驚いたことは、むしろ言語的にはまったく疎通のとれなかった人たち、たとえば精神発達遅滞が加味された接枝性の統合失調症の人とか、普段はまったく表面的な関わりしかもてなかったアルツハイマーの人が、ときとしてなかなかいい作品を作ることなのだ。老人の心理臨床に試みられてよい方法だと確信する次第である。

さて、「連句」の方であるが、連句などというと、痴呆の人ならずとも、普通の人だとて、とても難しく考える向きがあろうが、最近の私の関わっている「連句」はおよそ連句などとは言い難いしろものである。無論のこと連句のもつ幾多の約束事はいっさい守っていないし、ほとんど、五七五、七七の定型すら破っている。何をしているかというと、参加したクライエントの片言せき句を書き連ねているのみ、と言ってよいほどなのだ。それでいて、これを毎週繰り返していると、なかなか面白い側面が急にあらわになったり、思わぬ側面が出てきたりして面白いのである。

方法を述べておこう。私の場合は、どこの病院にでもある一二チャンネルか一六チャンネルの脳波記録用紙の使用済みのものを三〇秒分（約一メートルくらいの長さ）切り取り、脳波記録のある方を裏にして、裏の白紙の方を用いる。連句ばかりだと色気がないし、第一、連想の元がないので、いつも同じような発想になってしまうことをさける意味で、その一部に、あらかじめ写真や絵をコラージュしておくのである。皆は、たいてい、まずこのコラージュへの反応から出発することが多い、無論、季節や、まったく独自の発句からはじめる人もいる。彼らの述べた言葉を、順々に、ただし五七五、七七の長さに切って、マジックペンなり、フェルトペンで書いていく、ただ、それだけのことなので、実にこれも簡単なのだ。私の場合、これを毎週おこなっている。これも、やはり壁に貼り出してあげることが肝心なのである。彼らは、自分の言葉が書いて張り出される、というだけで嬉しくてしかたがないのだ。ただし、時には、自分の名が出るのを嫌うひとがありうる。その場合は、適当な雅号をつけてあげれば解決するのだ。

次に、老人デイケアでの、「唄と語り」であるが、これも私は毎週おこなっている。約五〇名ほどの参加者があるが、うち、二、三割の人は、徘徊したり、別の行動をとったりされているが、これも許容する。強制しないことが肝要なのだ。唄は、半分以上は、みんなで唄える唄を選ぶ。毎回同じだと芸がないので、私の場合、そのときどきに合わせて、適宜、「特集」を組んでいる(たとえば、「民謡の日」「童謡の日」「特定の歌手の日」といった具合に)。そして、語りのほうは適宜、その唄に纏わる話を披露したり、唄とはまったく独立して、その時々のテーマを選んだりする。そして、時に、「死の問題」とか、「宗教的問題」とか、「人生上の問題」といったシリアスなものも忍ばせることがある。楽しい中に、一味違った隠し味を加えることもあるのである。この際、私の経験では、私の語りに掛け合い的に関わってくれる人がある方が、スムーズに運ぶことが多い。一つの例を示そうか。島倉千代子特集のときのことである。ご多分に漏れず、「からたち日記」「哀愁のからまつ林」「あいたいなア あの人に」「思い出さん今日は」などのリクエストが続いたあと、「東京だよおっ母さん」が出た。この歌は、実は、表面的には東京見物の歌のように見えるが、二番の歌詞をみれば分かるように、九段坂の靖国神社に戦死した兄を見舞う妹が赤紙一枚で招集し、結局、骨一本だけ返して、勝手に靖国に祭ってしまったことに怒っていて、なかなか腰をあげなかった母を、初めて東京に連れ出す設定になっているのである。当然、靖国のこと、戦争のことなどが話題になる。ついには、「岸壁の母」の話も出、メンバーの中に、実際に「岸壁の母」そのものを体験した方があって、話に花が咲き、涙があふれる…。みんなで、ほとんど反戦歌のメロディーである「戦友」を唄い、「母さんの歌」を、それぞれの思いを託して歌って散会したのであった。このように、一見、横からは単なる余興でありながら、深い共感のなかで、グループとしての連帯と、個々の生活史の深い思いを経緯につないでいくのである。

4 老人のカウンセリング

老人カウンセリングにおいて最もこころせねばならぬのは、その目的が、医学のそれとは異なって、いかにして彼らの寿命を延命するか、なのではなくて、いかにして自らがやがてきたるべき「死」を受け入れうるか、なのであり、よって、そのカウンセリングの成否は、彼らが彼らの生きて来た「意味」なり、「生きて来たあかし」を、いかに、人に語ったり示したりしうるかにかかっている（文献

99）、といって過言ではない。また、彼らがたとえいかに痴呆などで、知的・能力的に低下していても、彼らの「尊厳（ディグニティ）」への配慮（文献99）と、「尊敬」の念を忘れぬことなのである。そのことがきちんと基底にあれば、あとは、ただひたすら、彼らの言葉に耳かたむけるがよい。また、彼らの語る言葉が、いかに繰り返しが多く、いかに実際と異なった見当違いの把握や認識を示したとしても、もはやそれが事実でないことや、幻覚にすぎないことを指摘してもあまり意味はなく、言われたことをそのまま受け止めていくことの方が大切なことが多いのである。

なお、老人ホームや老人デイケアなどの施設等において、痴呆老人に対する実践的なケアで必要なこととして、進藤貴子は、室伏君士の『痴呆老人のケア』から引用しながら、「老人が生きていけるように、不安を解消すること、急激な変化を避ける。安心できる場をつくる。なじみの仲間をつくる。老人の言動や心理をよく把握し対処する。それぞれの人の行動パターンをよく把握すること」などをあげているが、参考となるだろう。

新しいミレニアムにおける「老い」

今や新しいミレニアム（千年紀）に突入した。ここにおいて、「老い」の問題は深刻である。第一、平均寿命がとうに八〇歳を超しているのである。先日も、ユング心理学のある先輩が古稀の祝いをもたれたが、「人生七十古来稀なり」などという言葉はまったく意味をなさないことを言ったばかりなのだ。それどころか、厚生労働省の発表によると、一〇〇歳を超して、いまだ矍鑠《かくしゃく》と生きておられる方が四万人を超えたというのであるから、いったい人間はいくつまで生きられるようになるのかしらと、逆に不安になってこざるをえない。

百歳の半ばを嘆ず竹の秋　（磯貝碧蹄館）

とは、人生一〇〇歳の今では、五〇にして、いまだ半ばにしか達していないのか、との深い嘆息を詠じた句であるが、そう言っても、ピンと来ない向きには、かの漱石が五〇歳で亡くなっている（当時は数え年なので、今風の満年齢では、彼は慶応三年、つまり明治になる直前の一八六七年旧暦一月九日、新暦に直すと二月九日に生まれ、大正五年、つまり一九一六年一二月九日に亡くなっているから、四九歳一〇カ月ということになる）、ということを考え併せてみると、私の言わんとすることが歴然としてくるはずだ。間違いなく、当時は人生五〇年であったし、わが文豪漱石は、その年ですでに亡くなっているのであるが、今は、その倍にも達せんとする勢いなのである。

ある老人病院のデイケアでの経験

この異常ともいうべき事態は、実は、ほんの数十年このかたの現象なのである。先日も、ある老人デイケアを訪問して、例によって（先にも述べたように、私はこの二〇年間欠かさず、毎週金曜日には老

人病棟の歌手を任じているのだ）歌を唄っていたとき思ったのだが、

〈♪村の渡しの船頭さんは、今年六十のおじいさん。年はとっても、お船をこぐときは…〉

何と、この歌（武内俊子作詞、河村光陽作曲、「船頭さん」）がはやった私の幼い頃には、六〇歳はそうとうの年よりなのであった。私が唄うこの歌を聞いておられたのは、すべて七〇歳以上の方々ばかりで、この歌の中身の六〇歳という年齢について触れた際に、歓声ともため息ともつかぬ嘆息が方々で漏れた。まさにこの数十年の間に、年齢のもつ意味の多大な変化には、隔世の感がある。先にも触れたように明治を代表する夏目漱石は五〇歳に達せずして身罷ったが、ましてや、江戸の俳聖松尾芭蕉が、

衰ひや歯に食ひあてし海苔の砂

と詠ったのは四八歳の時であり、その三年後には、

旅に病んで夢は枯れ野を駆け巡る

と詠んで、あの世に旅発ったことは誰もが知ることなので、わざわざここで論《あげつら》わなくともよいであろうが、人生五〇年の時代は人類発祥からつい最近まで長く続いた。そうした時代には、間違いなく、

七〇歳は「古稀」なのであった。ところが、先に触れたように、もうすぐ四人に一人は、ゆうに六五歳以上というのであるから、誰しも自身の老後を考えないではいられない。しかも、以前は堅実と言われていた保険制度もとうにガタが来始めており、従来のような、安定した老後を送る経済的可能性はまずないと言ってよいだろうから、まさに事態は深刻なのである。

平均寿命の延長

こうした事態が実際に現出した理由は明白である。前世紀一〇〇年間に、医学の進歩発展は目を見張るものがあり、かつて、若者を死においやった結核はもちろんのこと、感染症に対する対策は徹底を極め、新生児死亡率の画期的低減がもたらされ、高年齢疾患とりわけ、脳卒中、癌、心臓病などが、死因の上位を占めているとは言え、これらも一頃に比すれば、格段の差で、治る確率が確実に向上してきたのである。かてて加えて、食料事情の格段の進展は、昔、胴長短足と言われた日本人の体型を、長管骨も伸長せしめて、すっくと足が伸びた今、根底から変えてしまい、今日の長寿を実現し、それを象徴する原動力となったのだった。今世紀の半ばに、戦争という愚行で食料が払底し、随分と「ひもじい」思いをした私たちの世代からみれば、今日のこのあきれるほどの飽食の時代は、まさに隔世の感なのである。

老いの問題への先達の仕事

「老い」の問題にいち早く目をつけ、警鐘を打ち鳴らしたのは、一九七〇年のボーヴォワールによる、『老い』（文献5）であった。そこで彼女は、「生に対比さるべきものは死よりもむしろ、生の滑稽で悲惨なパロディである老いなのだ」と述べていたが、「老いは社会の恥部であり、人々の暗黙の共犯関係（なれあい）のもとにそれは注意深く隠蔽されてきた、だからこそ、これを明るみに出さねばならない」として、これを告発し、老いの問題を直視せねばならぬことを実存哲学を武器に実に切れ味見事に説いたものだった。日本では、才女有吉佐和子が、小説『恍惚の人』でこれまた鮮やかに、老人性痴呆を取り上げ、これを前面に打ち出したのも、ほぼこれと同時期の一九七二年のことだった。ちなみに筆者が有斐閣から『老いのソウロロギー（魂学）』（文献99）を上梓し、老いの中にも尊厳から老耄《ろうもう》に至る幾多の生があり、いずれをとっても何一つ無意味なものはなく、掛け替えのない生の軌跡そのものであること、耄碌《もうろく》も死の苦しみを和らげる神のそれとない配慮かもしれないことなどを説いたのは、一九九一年のことであり、これは、ちくま学芸文庫にも収められている。

土居健郎の「意地」について

老いの心理を考えていく際に忘れてならぬのが、あの「甘え」理論で著名な精神分析学者土居健郎先生の「意地」の指摘である。老人、老いたりとは言え、その老骨の内部にある、「しぶとさ」「したたかさ」つまり、「意地」の心意気を看破したのであったが、老人への敬意は、この強さゆえでなければならぬ、と説かれたのであった。先生は、その論文「老人の死生観」（一九七五）において、かのアイデンティティの提唱者エリクソンを取り上げ、「真に自分の人生を生きて、人間的に成長したものは、老年期に完成（ego integration）に達し、死の恐怖をほとんど感じないものだ」というのは恐らく本当であろう、と言われたが（文献10）、南禅寺の管長まで務めた老師ですら死の恐怖を感じていたのか、自殺して果てるということもあり、必ずしも、そうも言えないのではないか。むしろ、筆者は、老いて、耄碌し痴呆となることのなかに、一般人の死の恐怖の乗り切り方をみる方が、はるかに現実的であると考えるのであり、かつ、神の摂理を感じるのである。そうであればこそ、耄碌するのもまたよし、耄碌せずに、矍鑠とあるのも、またよしとして、いずれにせよ、老人への畏敬の念を忘れぬことこそ大切だと思うのである。

鶴見俊輔先生とのこと

筆者のかねて心より尊敬申し上げる鶴見俊輔先生の、知られざる（あるいは、氏をよく識っている方々には、先刻承知のことかもしれないが）一面を記しておきたい。私ごとで恐縮であるが、この碩学の大先生から、先生の主宰なさっておられる『思想の科学』の取材にいっていいか、とのご連絡をいただいたので、約束の時間に記者の来訪を待っていたところ、なんと、先生ご自身が筆者の研究室にやってこられたのである。あれは、一九九三年のことで、当時、先生はすでに七一歳であられたはずであるのだが、まるで若者のごとく、いや、それよりもお元気でかつ生き生きしておられて、私ごときにインタビューをして下さったのである。これには本当にびっくりしたものだ。まさか大先生ご自身が来られるなんて思ってもみなかったからである。先生ご自身の『思想の科学』への身の入れ方の半端でない一面をそこにかいま見た思いであった。そのときの話は、その『思想の科学』五〇四号に掲載されているので、ご興味のある向きはご参照願えると幸いであるが、そのときの特集が「彼女がほしい」で、私の拙文のタイトルが、「二階の女」というのである。それは私が毎週訪ねていた、老人性痴呆病棟での、ある九〇歳を超す老人とのやりとりからのものなのであった。

その際に伺ったのであるが、なんと先生は、あのとき、あのお年で、「主夫」をなさっている、と言われるのであった。あの大哲学者にして高名な評論家がである。名刺にもそう書いてるんだよ、と言われて確かに戴いた名刺には、「主夫鶴見俊輔」としか書いてなかったし、「で、奥様は?」と伺うと、大学教授をしてるんで、僕が買い物から炊事からしてるんだよ、と言われたのである。ちなみに、先生の奥様は横山貞子先生で、彼女にも、『老い、時のかさなり』(文献116)なる名著がある。

老いのたましいへの接近

これを書いていて、家内が「ごはんですよ」と呼びにきてくれた。食べながらの歓談に、「今、何を書いてらっしゃるの?」と言うので、「老いについてだ」と言うと、「もし、そうなら、まず、口の周りや服に、食べ残しをつけたり落としたりすることに、もっと気をつけてもらわねば困りますわ。年をとったら、これまでの一二〇パーセント以上に、自分のしていることそのものに気をつけた方がいいですよ。貴方は人の悪口を言ったりすることはないからいいけど、世間の人は、人の悪口言ったりすることにエネルギーの相当部分を費やしていますが、そんなことより、自分の身だしなみに気を配ることが大切ですわ。西洋では(スイスでの生活体験しかないのだが)、お年よりになるほど、おしゃれや着るものに気を配っていたでしょう。そうでないと、色気どころか、誰も相手にもしてくれなくなりますわよ」とのたまわった。

さて、先の横山貞子先生のご自身の著書に戻る。あそこで先生は、「…からだとつきあう。道具を選ぶ。味を伝える。旅をする。本を再読する…。時をかさね、老いを意識しはじめて、初めて思いがけなく見えてくる、日々の［暮らしのかたち］。…老いは、日常を楽しむという不思議な術なのだ」と書かれているが(文献116)、先生はまた、アイザック・ディネーセンの『アフリカの日々』などの訳者でもある。ついでに、そのディネーセンと言えば、私には、映画「バベットの晩餐会」が忘れられない。あの映画は、ちょうどかつて河合隼雄先生が言われたように、「「アマデウス」は、音楽そのものが主人公の映画だ」とすれば、料理そのものが主人公の映画だと断言してよいと思うのだが、あの背景は、一八七九年のフランス革命の前後であったから、一九世紀の世紀末を取り扱ったものであった。

その一九世紀の世紀末が、クリムト、エゴン・シーレ、オディロン・ルドンら、ギュスターヴ・モローの華麗な弟子たちの絵画や、ムンク、エミール・ノルデら「夜の画家」たちと言われた表現主義の画家たちで彩られたようには明確に特徴づけることは不可能であるが、二〇世紀末の東山魁夷、高山辰雄といった、日本が世界に誇る画家たちの画業にみる、「精神性の深化」をも、「老い」の射程に入れてみることができよう。魁夷画伯の、あの雪の枝にただ一羽とまった孤独な鳥の後ろ姿の絵を拝見してすでに久しいが、辰雄画伯の、家の木の前の闇の中でじっと蹲る老婆の絵もまた、拝見してからすでに幾星霜も過ぎたと思う。

さらに、これまた日本の世界に誇り得る黒沢明監督が、「夢」と「まあだだよ」とを作ってから逝かれたのはせめてもの慰めである。無論そのテーマは「老い」だけではなかったが、それも重要な主題の一つであった。その上、みんなに親しまれた映画解説の淀川長治さんも冥界の人となったが、考えてみれば、二〇世紀は、いろんな「老いのかたち」を残したとも言えるのである。

第14章　映画に見る老年期

1　はじめに

時代は前章にも述べたように、一大変容を遂げてきているのに、社会での雇用や就労の年齢は、相変わらず、昔ながらの六〇歳前後で定年、という状態であるから、平均人では、その後向こう二〇年間、何とか生きなければならなくなっており、これは体の元気な人にとっては、スポーツやら旅行やらのレジャーを楽しむ可能性が増えて、それはそれで大変に結構なことではあるが、元気でない人にとっては、ある人にはこれはまさに地獄であり、またある人には途方もなくつらい時間の連続以外の何物でもないであろう。

老年期は、心理学的には、たとえばエリクソンによると、インテグレーションつまり統合の時期とされ、それまでの人生過程の集大成の時期とされ、最高到達段階と位置づけられるし、ユングも叡知の段階や老賢者を説くが、一方で、グッゲンビュール・クレイグは老耄もまたよしとする。実際には、体力をみれば一目瞭然のごとく、一七歳をピークに、どんどんと低下する一方であって、とくに六〇歳以降では、これは年を取るに従って衰えるばかりであるし、何よりも視力、聴力の衰えはいかんともしがたい。よって本来老人の特権と思われた、高位の精神性すら、その位置を維持するのは至難のわざであり、これは考えて見れば当然のことながら、昔からのしきたりどおり、六〇歳を過ぎれば還暦なのであって、その坂を越えれば、子どもと同じく、保護の対象となりさがらざるを得ない人もあるのは当然であろう。セネックス（老人）はプエル（少年）に戻るのである。しかし、一方で、単に年をとったからと言って、第一線で働く人の中には、若い人など顔負けの人もまたあることも事実であり、単純に年齢だけの問題でもない。一〇〇歳を超えてなお元気だった画家小倉遊亀さんや、九〇歳を超えてなお現役の医者日野原重明先生など、ますます創造的な仕事をしておられる。単純に弱者とする発想は許されないといってよい。

さて、テレビの普及で、ひところ、映画は斜陽産業だと言われたこともあるが、またぞろ、映画への見なおしがなされ、映画への期待も高まって、同時に五本も上映する施設を提供する外資産業の参入などもあり、今では、映画は格好の娯楽を提供するジャンルとして確固たる位置を確保しているといってよい。これからの老後を考えていくのに、映画もまた格好のジャンルであるが、ここでは、アメリカと日本から、それぞれ一本ずつの映画を選んでみた。一本は邦画で、新藤兼人監督の「午後の遺言状」、アメリカのは、リンゼイ・アンダーソン監督の「八月の鯨」である。

2 「午後の遺言状」

まず、「午後の遺言状」から始めよう。

「午後の遺言状」

新藤兼人監督脚本、一九九五年、映画製作協会作品、杉村春子、音羽信子、観世栄夫、朝霧鏡子、賠償美津子、津川雅彦、瀬尾智美出演

［あらすじ］　女優の森本容子が信州の別荘にやってくる。管理人は女性であるが、彼女は夫をなくして自立するため、三〇年来ここの管理をひきうけているのだ。さて、つい先頃まで庭の手入れをしてくれていたじいさんが、大きな石一つと、「もうこれまで」と広告の裏に書いた遺言状ら

しきものとを残して自殺したという。実はこの管理人はひょんなことから、森本の夫三郎と結ばれてしまい、一粒種の娘を産んだ。娘はもう二〇歳をすぎ、年頃となっている。そこへ、昔の演劇仲間の牛国登美江が夫とともに挨拶にやってきた。彼女はぼけて老人性痴呆になっており、夫婦は死出の旅路の暇乞いにきたのだった。そこに脱走犯がやってきたり、いろいろな事件が重なるが、結局、森本と管理人の、娘をめぐっての言い争いとなる…。

[解説] これは、実際よくできた映画である。それは、映画作品自身としても、また、現実の女優としての、杉村春子と音羽信子自身にとっても、実際に「遺言状」となったという意味で、よくできているのである。彼女らは二人とも今はなく、この作品が遺作となったわけだから。

しかも、その内容が、お芝居に一生をかけた女性（杉村春子演じる森本容子）と、実際の生活に生きた女性（音羽信子演じる別荘の管理人）の対比として二人を浮き彫りにし、なおかつ、その二人の女が、同じ一人の男性（津川雅彦扮する森本三郎）をめぐって張り合う関係となっており、その間に生まれた娘（瀬尾智美扮する明美）の結婚をめぐって、何と弥生時代以来の足入れ婚の祭儀まで取り入れており、そこへ、森本容子の劇団時代の友人、牛国登美江（朝霧鏡子）とその夫藤八郎（観世栄夫）の心中行や、脱走犯の事件などが加わって、実に多彩であり、物語としても実によく出来ているからである。そして、筆者がそもそも本作品をここに取り上げた理由であるところの、老後の問題、とくに老人性痴呆の問題をさりげなく取り上げている点がこころにくいところなのである。

作中では、牛国登美江は、ぼけて痴呆状態になっておりながら、夫よりも先にはけっして箸に手をつけない、とか、ピストルをもった脱走犯に対して誰よりも勇猛果敢に飛び掛かる、とか、夫の三〇年このかた欠かしたことのない朝飯あとの謡のおさらいに関してだけは凛として、「あかん！」と扇子で膝を叩く、とか、昔とった杵柄の、チェホフの『かもめ』の台詞、しかも、それが、この物語の内容そのものと見事に溶け合った、「あなたは私をみているくせに、私とは気が付かないの」のさわりの部分であったりと、実に「痴呆」（この場合は、脳血管性のまだら痴呆と思われる）の症状を、見事に表現して余りあるのである。

布団の大売り出しの広告の裏に、「もうこれまで」とのみ書き置きして、森本容子の三〇年前から持つ長野の桜台にある別荘の、庭の手入れをしていた六兵衛さんと呼ばれた男が、二五〇〇万円を息子夫婦に残し、自分でお棺を作り、その最後の釘を打つための石を一つ残して八三歳で自殺した、という話が冒頭に出てくる。この「石」はホトトギスが鳴いて渡るという杜鵑橋の下の谷で拾われたといい、主人公の容子がこの話を聞いてこれを望み、管理人に拾ってもらうところから話は始まる。実は、この脳みそほどの大きさの石が、物語を展開させるキーともなっているのである。

牛国夫妻の位置も重要である。妻が惚けてしまった今、彼らは、昔の築地小劇場での演劇仲間である容子を訪ねたのだが、そのあと自分たちの生まれ育った故郷を訪ね、生涯一度の一泊一〇万円の贅沢を高級旅館で過ごして、今度は日本海のある寂れた海岸のほとりの安宿で泊まり、その翌朝入水するのである。海に入る直前にチンドン屋にもらって登美江が手にしていた赤い風船が、二人が海に没したあと、空に向かって飛んで行くシーンは、たましいが天にふわりと飛んでいくようで印象的である。

ゲート・ボールに異常に敵意を示すまぬけな脱走犯については、まさにご愛嬌だが、このゲート・ボールというのが、昨今の老人クラブのメーンの娯楽であってみれば、笑い飛ばすわけにもいかない。それにしても脱走犯に果敢にも体当たりした牛国登美江が表彰される話、しかも、表彰する署長にキスして署長が卒倒する話もおまけについて、ともすれば暗い話ばかりに傾きがちな本編の中では、なかなかひょうきんなユーモアの味つけとなっているのである。

心理臨床家の進藤貴子が、老人性痴呆の臨床におけるユーモアの大切さについて触れているが、この映画においてもこれが生きていることは言うまでもない。

話を「午後の遺言状」に戻すと、娘の明美が結婚する、ということになり、二二年前の森本と管理人との関係（もっとも管理人からすれば真剣な恋愛で、不倫の気もなければ、姦通の意識もない）を話すことについての、容子と管理人とのやりとりは興味深い。

「あんたは、旦那より、芝居の方が大事だったんだ」という管理人の言葉に、容子は愕然とする。図星であったからだ。しかし、「こんな山の中にいたら惚けてしまう」という三郎の言葉をめぐって、容子と管理人はやり合うが、容子は明美の屈託のなさに、やがて、二人の仲を認める気持ちが湧いてくるのである。

牛国らが心中して、その新聞記事をもってやってきた女性ルポライターの矢沢菜穂子（倍賞美津子）について、彼らは牛国夫妻の跡を辿る。容子は、このときやっと、登美江夫妻が「別れの挨拶に来た」ことを悟るのである。彼らは五六万円の貯金を一万円だけ残して全部引き出し、入水したときには、手元に二万となにがしだけで、名刺の裏に、「これで死体の後始末を頼む」と走り書きがあった。

それにしても、水中から二人の亡骸を入れた棺を担いで出てくる六人の黒子のシーンは凄い。海辺の杉村と乙羽の二人はずっと合掌したまま閉眼していたから、これは彼女らの幻想であろう。

「わたしがどこかでぶっ倒れたら、あの石で棺の蓋の釘打ってちょうだい」という容子に、管理人は、「来年の夏、また来るだ」といい、容子が東京へ帰ったあと、管理人は例の石をもとの川に投げ込む。石は、実に、二人の間に割り込んだ「かたいもの」であり、それは管理人にとっては、「確かな重い愛の結晶」であり、容子にとっては、「うまず女」をも表し、また芸に生きる、「固い意志」の象徴でもあった。

以上が、「午後の遺言状」に対する筆者の感想と解説であるが、これを読まれただけでも、本作が老人問題を、三人の女性の生き方に焦点を合わせることで、見事に描いてみせていることが知られよう。題名の「午後の遺言状」は、六兵衛さんと呼ばれた八三歳の庭師の残した「石」と、広告の裏に書かれた「もうこれまで」という一筆のことであろう。また、もう一つ、入水した牛国夫妻が容子宛に残したもので、民宿の領収書の裏に、鉛筆で走り書きされた「お世話になりました。牛国藤八郎、登美江」という遺書めいたものがあげられる。いずれも、簡潔に一言だけが残されたわけだが、おそらく、本当にこれから自殺する人が残す遺言状というものは、やれ遺産がどうの、それ何がどうのといった複雑なものであるより、こうした簡潔なものこそ本当らしい。

それより、先にも書いたように、杉村春子、乙羽信子、という、かたや舞台の、こなた銀幕の、いずれも一世を風靡した大女優の、ふたりながら、本当の「遺言状」になっているところが凄いのである。杉村の方は、もういい齢だったたし、乙羽は、監督で原作者でもある新藤兼人の実際の奥様でもあり、彼女が癌を患っていたことも無論承知の上での出演であったから、まさに、彼女の遺言をまるごと収めた作品となっているのである。そういえば、乙羽の役だけ、名前がついていない（杉村は森本容子、朝霧は牛国登美江、とちゃんと名がつけてある）のは、まさに乙羽信子自身の「遺言状」のための作品であることを、より物語っている、とみるのは筆者の穿ち過ぎであろうか。

それはともかく、この作品が、老後の、一つの在り方を模索した名品であることがおわかりいただけたと思うのである。

3 「八月の鯨」The Whales of August

「八月の鯨」

リンゼイ・アンダーソン監督、一九八七年、米国、アライヴ・フィルム作品、ベッティ・デイビス、リリアン・ギッシュ、ヴィンセント・プライス、アン・ソザーン、ハリィ・ケリィ・ジュニア出演

［あらすじ］ アメリカの東海岸の最北端、カナダと国境を接するメーン州の小さな島に、二人の老女姉妹が住んでいる。リビーとセーラというのが彼女らの名である。姉のリビー・ストロングは、凛としてはいるものの、どことなく気むずかしさを残した頑固な女性であるが、白内障でもう目が見えない。でも長年慣れ親しんだ家なので、日常の立ち居振る舞いには事欠かない。妹のセーラ・ウェッバーは齢とっても、女性らしさに溢れており、しぐさも濃《こま》やかである。ここは妹が伯母に五〇年前に譲りうけた家で、姉は寡婦となった一五年前にやってきたのである。映画は、彼

女らの少女時代、八月に鯨が見えた、という場面から始まる。モノクロの岬の場面での、純白のドレスがいかにもういういしく清潔な印象である。

おそらく、あれから半世紀ほど過ぎたのであろう。まったく同じ画面だが、今度は色が着く。姉の服は白、妹のそれは赤である。しかし、二人はもう若くはない。とうに亡くなった母の齢を超えてしまったのだ。姉の髪は母の老後に似て白鳥のように真っ白であり、妹の髪も茶が薄くなり、色褪せている。すべてみな色褪せていく年頃なのだ。今は八月だが、夫マシューの死んだ一一月頃に自分も逝くことになりそう、と姉はつぶやく。

【解説】 ここは、遥か海のむこうに鯨が現れると、風が変わり季節が移って行くという言い伝えがある土地なのだ。老後の問題がテーマであることはすぐに知られよう。アメリカの中流の姉妹が、いずれも夫に先立たれて、ひっそりと住んでいるが、そこには、わずかばかりの友人や、ごく少数だが、家の世話をしてくれる隣人が訪ねてきてくれる。

…妹のセーラ（リリアン・ギッシュ）は、家事をする合間、慈善バザーに出すコアラの人形を作ったり、海の絵を描いたりしている。姉のリビー（ベッティ・デイビス）は散歩に出たい、と言う。そこへ、来客がある。マラノフ（ヴィンセント・プライス）という、ロシア貴族の成れの果てだと自称する老紳士だ。彼はある豪邸に養子に入っていたが、最近妻のヒルダを八三歳でなくし、その家を出なければならない。実は、彼には当てがあって、あわよくばこの二人の家にころがりこもうという魂胆がある。妹の方は、釣った魚を分けてくれたり、何くれとなく親切な彼に好感をもっているが、しかし、姉の方は、彼の魂胆を見抜いていて、容易に胸襟を開こうとしない。二人の女友達のティシャ(アン・ソザーン)も、道みちベリィを摘みつみ、この家にやってきた。彼女もあわよくば、この家に一緒に住み込もうとしているが、これにも姉の方は気づいている。六月から頼んでいた、五〇年このかたこの家の修理万端をひきうけているジョシュア(ハリィ・ケリィ・ジュニア)という老人が、先程から地下でガンガンと騒音をたてている。お風呂が漏るのだが、鉄管があちこちで傷んでいるというのだ。

老後、というのは、今ではけっして楽しい季節ではない。いかに死んでいくか、という一大事を抱えているからであり、それまで、いかにこれまでの人生を収束させつつ、残された生を意味ある生き方で生きるか、という問題が立ちはだかっているからである。

…一九一〇年以来、ずっと運転してきて無事故だったという友達のティシャが、バックの際、車をガレージにぶつけてしまい、六カ月の運転停止になったという。実は、彼女にも白内障が始まり、少し目がみえにくくなったので運転免許を捨てる決心をしたのだが、他人の手前強がりを言うのだった。老いとは喪失の連続なのである。

セーラの夫のフィリップは戦争で亡くなったが、寂しそうにしていた彼女を誘って、姉夫婦は西部旅行に出掛けたものの、彼らの仲が芳しくなくて、セーラがかえってよけいに塞いだことを、海を見みながら、二人ともふと思い出す。

本篇中、いちばんのさわりの一つは、姉のリビーがベットで自分の髪に触れているうちに、亡き夫を思い出して、引き出しの奥にしまった恐らく形見の懐中時計に触れるシーンと、続いて、時計の下の封筒の中に隠した夫の髪の毛を取り出し、そっと自らの頬にあてる場面である。あの頑固者の彼女も、その時ばかりは、一瞬ながら実に優しい表情に戻るのだった。

「貴重な残り時間はもうわずかだわ」そう言うセーラに、「鯨を見にこない」と誘われたことをいいことにマラノフは花を摘んで、彼女に言い寄る。彼は一九一〇年代にペテルスブルクで大公をしていたという伯父の話を始め、旧ロシア貴族の末裔であることを匂わせ、母の残してくれた宝石だといって最後のエメラルドを二人に見せるが、妹はロマンチックな光に胸をときめかすも、姉はその話に乗ろうとしない。意図を見抜かれたマラノフは、満月の晩餐の後、名残り惜しそうに去って行く。

…姉が寝室に去ったあと、四六年目の結婚記念日を一人で迎えたセーラは、夫の写真を前に、紅白一本ずつのバラをテーブルに飾り、赤ワインで乾杯しながら、「白は真実で、赤は情熱」と言った夫の台詞を思い出し、レコードをかけて、新婚時代の甘い思い出に浸る。「たとえ貴方でも、私のコルセットの、全ての結び目は解かせないわ。だって、私の神秘がなくなってしまうもの」と言った台詞を思い出しつつ、うっとりとする。が、それもつかの間、姉の叫び声に、急に現実にひき戻される。姉は死が自分たちを捕まえに来た夢を見たのだった。

セーラは小さいころ、よく父に聞かされた、「鯨が季節を変える、それは尾で北風を吹き込むから」というのを信じていたのよ、と姉に話していたが、彼女は鯨を自分の部屋から見ることが可能なように、大きな見晴らし窓をつけたがっていた。しかし、「もう新しいものを作る齢じゃないわ」とあれだけ頑なに反対していた姉が、次の朝セーラに、「窓をつくっていい」と言い出したので、少し沈んでいたセーラの目はパッと輝き、希望に膨らむ。二人は岬に散歩に出、久しぶりに鯨を見に行く。「鯨はもう行ってしまったわ（Whales have all gone.）」という妹に、姉は「分かるもんですか（You can never tell.）」というのである。彼女は再び生きる決心をしたのだった。

いかにもアメリカらしい、大変に洗練された映画である。二人の姉妹と一人の女友達に、厳しく現実を見つめる女（姉リビー）と、つつしみ深くロマンチックな情熱を秘める女（妹セーラ）と、派手で見えっ張りな女（友人ティシャ）というふうに、それぞれの生き方を代表させ、一方、男の方は、過去の栄光を引きずりながら、何とかその場をつないで世渡りをする夢想的な男（マラノフ）と、しっかり働いて現実に生きてはいるが、いつもそうぞうしく細かい配慮に欠ける男（ジョシュア）、というふうに、実にうまく戯画化してある。そうして、随所にさりげなく、「老い」の抱えているテーマを取り上げている。つまり、喪失、死との対峙、老醜、思い出、わずかな希望などなど。さらに、紙数の関係でここには抄出しなかったが、姉のリビーには一人娘がおり、しかし母娘の間はしっくりいっておらず、二人が一緒に暮らす気がないことも匂わされており、老いが含む今一つの大切な心理学的テーマも落としてはいない。「鯨が風を変える」という、ロマンチックな話題を通奏低音にしながら、きちんと老後問題を取り扱って、一つのきわめて詩的な作品に仕上げている点が、リンゼイ・アンダーソン監督と主役二人の演技の並々ならぬ手腕と言うべきであろう。

邦画の方でもしたように、現実の女優の個人的なことを付け加えれば、この映画に妹役で出たリリアン・ギッシュの方が実は八二歳で、姉役のベッティ・デイビスの七九歳より三つも年上なのであった。彼女も今は亡く、この映画が、やはり遺言となったのである。ともかく、一言でこの映画の示してくれたことを評価すれば、通常なら、喪失の連続の中で、どんどんと行動半径が短縮し、徐々に前線を撤退して収束していくことが是であるかにみられがちだが、ここで示されたように、窓を大きくあけて、未来を大きく取り込んでみよう、との生き方は、新しい世紀に向かう、われわれの老後の生き方に一つの指針を示してくれているようで、ほっとさせられる何かを感じさせられるのではなかろうか。

ここまで書いて、脱稿しようとした矢先、新藤兼人監督により、「生きたい」(近代映画協会、一九九八年）が作られた。彼は新聞で、「映画では、老人は生きているんだ。仙人みたいに枯れてないし、達観もしていない、ということを一番言いたかった。老人と言えば孫のお守りをして、余生をおくるイメージが強い。そんな平和なもんじゃない。老人だってやりたいことは一杯ある。欲望もぎらぎらだ。年とって経済的、体力的に十分にはできなくても、熱い思いは持続している。実は、僕もかつては老人を外側からみていた。随分映画でも扱ってきたが、想像で描いていた。風景として。だが、八〇半ばになって、すごく切実になってきた。「老人」の一言で切り捨てられるのは、たまらない。過去があって、今、生きているのに、社会や家庭から弱者として疎んじられ、不満が渦巻くわけです。リアリティーのある老人映画を作りたかった。主人公は私の分身です」（文献61）と述べているが、これは痛切な訴えであるといわねばならない。

［関連作品］「コクーン」（ロン・ハワード監督）、「ドライビング・ミス・デイジー」（ブルース・ベレスフォード監督）、「まあだだよ」（黒沢明監督）、「夢―第六話」（黒沢明監督）、「生きたい」（新藤兼人監督）。

第15章 心理臨床からみた死

心理臨床において、死と関わることは、ちょっと考えただけだと遠いことのように思われる向きがあるかもしれない。癌病棟や、老人病棟など末期医療に関わる分野で働く心理臨床家にとっては、死は日常茶飯のことなのかもしれないが、それ以外の臨床の場では、「死」などまったく関係がないかに見えることも確かである。しかし、実は、それはそうではない。筆者がここで述べようとするのは、通常のごく普通の心理臨床活動の場においても、実は気づかれないだけで、「生」を生きるなかに、時々刻々と、「死」が近づいている、というのが真実の姿なのであるということだ。哲学者ハイデガーが看破したように、まさに人間は「死に至る存在Sein zum Tode」なのであって、何人と言えども、それを免れることはありえないからである。無論、だからといって、いつもいつも死のことばかりを考えていなければならない、ということを言おうとしているわけではない。でも、死などとはまるで縁遠いと思われるような、まだ年端もいかない少年が、死のことを考えている、というのもまた、一方の事実でもあることは、次の岡真史君の「ひとり」と題する詩を読めば一目瞭然であろう。

ひとり
ただくずれさるのを
まつだけ

この詩を作ったのは、一二歳の少年である。彼には、他にも、「フーセン」という詩があって、

フーセンが
だんだんと
しぼんでゆく

というように、実に透徹したまなざしで、見ていることが知られよう。この彼が、「ぼくは死なない」という題の詩、

ぼくは
しぬかもしれない
でもぼくはしねない
いやしなないんだ
ぼくだけは
ぜったいにしなない
なぜならば
ぼくは
いゝいゝいゝかゝ
じぶんじしんだから

という詩を書いて、一九七五年七月一七日、わずか一二歳の命を断ったのだった。この詩の最後の「じぶんじしんだから」には自ら傍点がふってあった。彼の父親である高名な作家高史明は、「真史は、折しも暗い夜空にとどろいた雷光に裂かれて、蒼白く染まった大空に自ら身を投げ、永遠の大地に帰っていったのでした。享年一二歳でした」と綴っておられる。

そして、「…この世には、生き易く見えながら、いやでも生き難さを直視せざるを得なくする出来事が、あまりに多くあります」とも、「…人間にとっては、その生理と心理と社会の絡み合いにおいて、決定的ともいえる意味をもつ幼年期に、どのような事情があったにせよ、何一つ力になってやれなかったことが、申し訳無く、辛い悔いとなって、わたしの全身を締め付けてきます」とも綴っておられる。

筆者の臨床経験においても、彼ほどの才能はなくとも、彼の心境に類した詩や歌を書いた少年や少女たちは沢山いた。たとえば、次の詩を書いた少年である。彼は、小学校五年のとき、学校の屋上から飛び降り自殺を試みたが、幸い、助かった。しかし、それからが苦難の連続だった。

いつか窓の奥、
僕と誰かが笑ってた。
僕はそれが誰だったか思い出せない。

受話器をとりあげ、
発信音を聞く。
確かに通じてはいるけど。

ポストは錆びついたまま。
僕は虚ろな瞳のまま、
確かにまだ息はしているらしい。

黄泉の国の水音が、
僕の耳に高く。
向こうに渡った誰かの、
話し声も低く聞こえる。

僕は何処に居るんだろうか。
川も風も心地よいものは何もなく、
確かに居ること以外、
何もわからない。

明日までの距離は、
どれだけだろう。

私は、これに答えて次の詩を送った。

闇に向かって、
ほとんど声にならない声で、呟く。
ああ、君は、この寒空の下で、ひとり呻きながら、
身体の痛みに悶え苦しみながら、それでも、こうして、
私に向かって、ほとんど消え入りそうな声で語りかけてくれた。

だから、私は私なりに、一所懸命にこれを受けようとしている。
そして、私は私なりに、こうして、静かに語りかけている。

君には天にも地にも、神も仏もないようにみえるかもしれないけど、
私には、こころの底で、しっかりと信じていることがある。
それは、必ず、大いなるものがみていて下さる、ということ。
ならば、きっと、君も救いとられる筈なのだから、
今の苦しみに、負けてはいけない。

何も出来なければ、何もしなくていい。
ただ、じっと堪えて待つだけでいい。

こうした際に、大切なのは、自殺がいけない、とただ自殺のみを防ごうとしすぎて、彼らの自殺願望の背後にある、再生願望を見落としてはならぬことである。身体的な死を乗り超えて、精神の再生を図ろうとする彼らの無意識的意図を汲みそこねてはならないのだ。

さらに、こうした作品の類いはいっさい残さなかったけれども、子どものみならず大人もすべて数え上げると、この三七年間での筆者との治療中に「自死」を選んだ方が、これまでで九人ある。彼らのことを思い出すと、今も痛恨の思いとともに、幾多の思い出が胸中をよぎるが、それらの中には、筆者の未熟ゆえに、急がずともよかったあの世行きを速めたものもあったに違いない。別段、自分の駄目さ加減を隠蔽するつもりはないし、また、死を礼讃するつもりもないが、彼らにとって必然としか言いようもないものや、明らかに壮絶な覚悟のそれも、また間違いなくあった。上に掲げた、岡真史君の場合も同様かと思われるが、自ら、「自分自身」をつかみ得た瞬間に、「自死」を遂げたと思われる方もあったのである。

あるいは、自らの死ではなく、ほかならぬ愛する人や、肉親の死を経験せねばならなかった方々もあった。河合隼雄先生は、「何故、私のあの人が死なねばならなかったか」の問いに、「それは、脳梗塞がどうの、脳の血管が切れたから、あるいはかくかくしかじかの理由により云々」といった、客観的理由をいくらあげても、このクライエントのこころの嘆きに応えてはいず、ほかならぬ、「一人称の死」あるいは、「二人称の死」についての臨床的真実といかに対するかしかないというふうに述べておられる（文献31）が、筆者も同感である。

また、飼い猫や飼い犬、はたまた、鳥やらハムスター、はてはゴキブリの死すら、わがことのごとくに嘆き悲しんだクライエントがおられたし、学校で飼っていたウサギの死を悼み、まさにクラス中の皆が驚き感心する中で、実に荘厳なお葬式を敢行した自閉症児のことも知っている。

繰り返しになるが、いわゆる医学的「キュア」が不可能と見えるような癌病棟や老人病棟では、まさに、いかに「死」を自らの中に受け入れていくか、いかに「死」と折り合いをつけるかが、心理臨床の大切な問題点なのであり、こうした視点抜きの、うわべだけの「ケア」では駄目で、筆者は、まさに、こうした観点を中心に取り込んだ、「コア」に関わることこそが、真の心理臨床なのだと考えている昨今なのである。

参考文献

（1）Abraham, K.（1949）*The Applicability of Psychoanalytic Treatment to Patients at an Advanced Age*, Hogarth Press, London.

（2）Agrass, S.（1959）The relationship of school to childhood depression, *Am. J. of Psychiat.*, 116：533.

（3）アレキサンダー、F・C著、末松弘行監訳（一九八九）『心身医学の誕生』中央洋書出版部（原著、一九八七／一九五〇）。

（4）American Psychiatric Association Committee on Nomenclature and Statistics（1995）*Diagnostic and Statistical Manual of Mental Disorders* (4th edition), American Psychiatric Association,Washington DC.

（5）ボーヴォワール、S著、朝吹三吉訳（一九七二）『老い』人文書院。

（6）バトラー、G／マクマナス、F著、山中康裕訳（二〇〇三）『心理学』岩波書店。

（7）Bleuler, E.（1975）*Lehrbuch der Psychiatrie*, 13te Aufl, neubearbeitet von Bleuler, Manfred, Springer, Berlin und Heidelberg, New York.（ブロイラー、E著／ブロイラー、M校訂、切替辰哉訳（一九八八－一九九〇）『精神医学書1－3』中央洋書出版部（原著は一九八三年の一五版））

（8）Broadwin, I. T.（1932）A Contribution to the study of truancy, *Am. J. Orthopsychiat.*, 2：253.

（9）土居健郎（一九七二）『老人の精神衛生』。

（10）土居健郎（一九七五）「老人の死生観」、長谷川和夫ら編『老年学』岩崎学術出版社。

（11）Dunne, C.（2000）*Carl Jung：Wounded Healer of the Soul*, Continuum, London.

（12）Eisenberg, L.（1958）School Phobia, A Study in the communication of anxiety, *Am. J. Psychiat.*, 114：718.

（13）フロイト、S著、井村恒郎ら訳（一九七七）「神経症と精神病の現実喪失」、『フロイト著作集6』人文書院［Freud, S.（1924）*Neurose und Psychose*, G.W.XIII 385－391, Fischer Verl., Frankfurt am Main.］

（14）長谷川和夫ら（一九七五）「老年期の心理」、長谷川ら編『老年学』岩崎学術出版社。

（15）東山紘久（一九九四）『箱庭療法の世界』誠信書房。

（16）伊藤克彦（一九六二）「登校拒否女子学童の二症例について」、『児童精神医学とその近接領域』三：(三)。

（17）Johnson, A. M. et al（1941）School Phobia, *Am. J. Orthopsychiat.*, 11：702.

(18) Jung, C. G. (1921) *The Psychological Types*, Princeton Univ. Press, New Jersey.（ユング、C・G著、高橋義孝訳（一九五七）『人間のタイプ』日本教文社；同、林道義訳（一九八七）『タイプ論』みすず書房；同、佐藤正樹訳（一九八六－八七）『心理学的類型Ⅰ－Ⅱ』人文書院（いずれもドイツ語から））
(19) Jung, C. G. (1950) *Gestaltungen des Unbewussten*, Rascher Verlag, Zurich.
(20) Jung, C. G. (1951) *Concerning Mandala Symbolism*, CW IX-1, Bollingen, Princeton.
(21) Jung, C. G. (1952) Synchronizitaet als ein Prinzip akausaler Zusammenhaenge, in *Naturerklaerung und Psyche*, Rascher Verlag, Zurich.
(22) ユング、C・G著、ヤッフェ、A編、河合隼雄／藤縄昭／出井淑子訳（一九七二－七三）『ユング自伝 ― 思い出・夢・思想 1・2』みすず書房 [Jung, C. G. (1961) *Erinnerungen Traume und Gedanken*, Aufgezeichnet und herausgegeben von Aniela Jaffe, Rascher Verlag, Zurich und Stuttgart.]
(23) ユング、C・G／パウリ、W著、河合隼雄・村上陽一郎訳（一九七六）『自然現象と心の構造』海鳴社。[*The Interpretation of Nature and the Psyche*, Bollingen Foundation Inc., New York, London, 1955.]
(24) ユング、C・G著、ヤッフェ、A編、氏原寛訳（一九九五）『ユング ― そのイメージと言葉』誠信書房 [Jaffe, A. (ed) (1977) *C. G. Jung : Bild und Wort*, Herausgegeben von Aniela Jaffe im Walter Verlag, Olten ; (1979) *C. G. Jung : Word and Image*, Bollingen Series, Princeton Univ. Press, New Jersey.]
(25) 神谷美恵子（一九八〇）『生きがいについて』みすず書房。
(26) カルフ、D・M著、河合隼雄監修、大原貢／山中康裕訳（一九七二）『カルフ箱庭療法』[Kalff, D. M. (1966) *Sandspiel, seine therapeutische Wirkung auf die Psyche*, Rascher Verlag, Zurich und Stuttgart]；同、山中康裕監訳（一九九九）『カルフ箱庭療法 新版』誠信書房 [Ernst Reinhaldt Verlag, 1996.]
(27) Kaufman, M. R. (1940) Old age and aging, The psychoanalytic point of view, *Am. J. Orthopsychiat*, 10 : 12.
(28) 河合隼雄（一九六六）「箱庭療法（Sand-Play Technique）― 技法と治療的意義について」、『京都市カウンセリングセンター研究紀要』二：一－九。
(29) 河合隼雄（一九六七）『ユング心理学入門』培風館。
(30) 河合隼雄編（一九六九）『箱庭療法入門』誠信書房。

(31) 河合隼雄（一九七〇）personal communication.
(32) 河合隼雄／山中康裕編（一九八二―一九八七）『箱庭療法研究一―三』誠信書房。
(33) 河合隼雄／中村雄二郎（一九八四）『トポスの知――箱庭療法の世界』ＴＢＳブリタニカ。
(34) 河合隼雄編（二〇〇〇）『心理療法とイニシエーション』（講座心理療法１）岩波書店。
(35) 木村晴子（一九八五）『箱庭療法――基礎的研究と実践』創元社。
(36) Leventhal, T. et al (1964) SelfImage in school phobia, *Am. J. Orthopsychiat.*, 34 : 685.
(37) Liddell. H. G. (1889/1978) An Intermediate Greek–English Lexicon; founded upon 7th. Ed. of *Liddell & Scott's G–E Lexikon*, Oxford.
(38) 村瀬嘉代子（一九九〇）「遊戯療法」、上里一郎ら編『心理療法２』（臨床心理学大系８）金子書房。
(39) 村瀬嘉代子（一九九六）『子どもの心に出会うとき――心理療法の背景と技法』金剛出版、二六。
(40) 村瀬嘉代子（二〇〇三）「統合的心理療法の考え方」、『心理療法の基礎となるもの』金剛出版。
(41) なだいなだ編（二〇〇一）『こころの定点観測』岩波新書。
(42) 中井久夫（一九七一）「精神分裂病者の精神療法における描画の使用」、『芸術療法』二：一六〔『中井久夫著作集――分裂病』岩崎学術出版社、一七、所収〕。
(43) 中井久夫（一九七四）「精神分裂病状態からの寛解過程」、『分裂病の精神病理２』東京大学出版会〔前掲『中井久夫著作集１　分裂病』一一九、所収〕
(44) 中井久夫（一九七七）「ウィニコットのスクィッグル」、『芸術療法』八：一八〔『中井久夫著作集２　治療』岩崎学術出版社、二三二、所収〕
(45) 中井久夫／山中康裕編（一九七八）『思春期の精神病理と治療』岩崎学術出版社。
(46) 中井久夫（一九八二）「相互限界吟味法を加味したスクィッグル法」、『芸術療法』一三：四二〔前掲『中井久夫著作集２　治療』、二三六、所収〕。
(47) 中井久夫（一九八五）「絵画療法の実際」、前掲『中井久夫著作集２　治療』一七一。
(48) 中井久夫／山口直彦（二〇〇一）『看護のための精神医学』医学書院。
(49) 中村元他（一九八九）『岩波 仏教辞典』岩波書店。

(50) ナウンブルグ、M著、中井久夫監訳、内藤あかね訳（一九九五）『力道指向的芸術療法』金剛出版 [Naumburg, M. (1966) *Dynamically Oriented Art Therapy, Its Principles and Practice*, Grune & Stratton, New York, N.Y.]

(51) 小倉清（一九六六）「遊戯療法」、『児童精神医学とその近接領域』三（三）。

(52) 大橋一恵（一九八〇）「老年期患者の精神療法」、『土居健郎教授還暦記念論文集』星和書店。

(53) 大塚義孝（一九八九）『臨床心理士になるために』誠信書房。

(54) 岡田康伸（一九八四）『箱庭療法の基礎』誠信書房。

(55) 岡田康伸（一九九四）『箱庭療法の展開』誠信書房。

(56) 折原修三（一九八一）『「老いる」の構造』日本経済新聞社。

(57) Progoff, I.著、河合隼雄／河合俊雄訳（一九八七）『ユングと共時性』創元社。

(58) サリヴァン、H・S、中井久夫訳（一九七六）『現代精神医学の概念』みすず書房、二一 [Salivan, H. S., *Conceptions of Modern Psychiatry*.]

(59) サミュエルズ、A／ショーター、B／プラウト、F編、山中康裕監修、濱野清志／垂谷茂弘訳（一九九三）『ユング心理学辞典』創元社。

(60) 佐藤修策（一九六七）『登校拒否児』国土社。

(61) 新藤兼人「新老人論　老いて枯れず」朝日新聞、一九九八年一〇月二五日版。

(62) 新福尚武（一九五五）「老人の精神病理」、『精神神経学会雑誌』五七：一九七。

(63) ストー、A編著、山中康裕監修、菅野信夫／皆藤章／濱野清志／川崎克哲訳（一九九七）『エセンシャル・ユング』創元社 [Stor, A. (1983) *The Essential Jung*, Princeton University Press, New Jersey.]

(64) 立花隆（一九九八）「正常と異常の間」、文芸春秋編集部『少年A犯罪の全貌』文芸春秋、九四-一六〇、三。

(65) 高木隆郎（一九六四）「学校恐怖症の典型像（一）」、『児童精神医学とその周辺領域』六（三）。

(66) 高石恭子（一九九二）「イニシエーション」、氏原寛ほか編『心理臨床大事典』培風館。

(67) 栂尾祥雲（一九二七）『曼荼羅の研究』高野山大学出版部 [同、復刻版（一九八二）『栂尾祥雲全集　第四巻』臨川書店]

(68) 徳田良仁／山中康裕編（一九八〇）『芸術療法講座2』星和書店。

(69) 鶴見俊輔（一九八八）『老いの生きかた』筑摩書房。
(70) 氏原寛／山中康裕編（一九九四）『老年期のこころ』ミネルヴァ書房。
(71) 氏原寛／田嶋誠一編（二〇〇三）『臨床心理行為』創元社。
(72) 若林慎一郎ら（一九六四）「学校恐怖症または登校拒否児の実態調査」、『児童精神医学とその近接領域』六（二）。
(73) ヴェーア、G、山中康裕／藤原美枝子訳（一九八七）『ユング』理想社［Wehr, G. (1982) *C. G. Jung*：*Rowohlt Taschenbuch*, Verlag Reinbek bei Hamburg.］
(74) ヴェーア、G、村本詔司訳（一九九四）『ユング伝』創元社［Wehr, G. (1985) *Carl Gustav Jung*：*Leben, Werk Wirkung*, Koesel-Verlag, München.］
(75) Winnicott, D. W. (1971) *Playing and Reality*, Tavistock, London.
(76) Winnicott, D. W. (1971) *Therapeutic Consultation in Child Psychiatry*, Hogarth Press, London.
(77) World Health Organization (1992) *International Classification of Deseases* (10th edition), Clinical Description and Diagnostic Guidelines Version. Geneva, Switzerland.［融道男／中根允文／小見山実監訳『ＩＣＤ-10、精神および行動の障害』医学書院、一九九三、とWHO (1980) *International classification of impairments, disabilities, handicaps*, WHO, Geneva, Switzerland. を参考に筆者が加筆訂正補訳した］
(78) 山中康裕（一九七一）「精神療法的創造療法過程にみられる象徴表現について」、『名古屋市立大学医学会雑誌』二一（四）、七四七-七七七。
(79) 山中康裕（一九七三）『マンダラの研究』、箱庭療法研究会レジュメ。
(80) 山中康裕（一九七六）「写真映像をメッセージとした思春期心身症の精神療法過程」、『芸術療法』七：三一-四二。
(81) 山中康裕（一九七七）「自己臭体験を中核とした対人恐怖症、あるいは境界例の精神療法過程と女性の内空間形成についての試論」、安永浩編『分裂病の精神病理6』東京大学出版会。
(82) 山中康裕（一九七八）『少年期の心——精神療法からみた影』中公新書（五一五）。
(83) 山中康裕（一九七八）「思春期内閉」、中井久夫／山中康裕編『思春期の精神病理と治療』岩崎学術出版社。
(84) 山中康裕（一九七九）「登校強迫」、大原健士郎編『子どもの心理（一）』至文堂。

(85) 山中康裕（一九七九）「精神療法としての箱庭療法」、『臨床精神医学』八（六）：六三九－六四八。
(86) 山中康裕（一九八一）「治療技法よりみた児童の精神療法」、白橋宏一郎ほか編『治療関係の成立と展開』星和書店。
(87) 山中康裕／武野俊弥（一九八一）「箱庭療法、その技法と適応」、大森健一ほか編『芸術療法講座3』星和書店。
(88) 山中康裕（一九八二）「抑鬱性新気症老人の箱庭療法」、河合隼雄ら編『箱庭療法研究1』誠信書房。
(89) 山中康裕編著（一九八二）『問題児・問題行動』、精神医学入門シリーズ、日本文化科学社。
(90) 山中康裕（一九八三）「深層心理学とマンダラ」、松長有慶編『曼荼羅――色と形が意味するもの』大阪書籍［岸本寛史編（二〇〇二）『山中康裕著作集4　たましいの深み』岩崎学術出版社、所収］
(91) 山中康裕（一九八四）「箱庭療法と絵画療法」、佐治守夫・福島章編『ノイローゼ』第二版、有斐閣、六九。
(92) 山中康裕（一九八四）「児童精神療法の基礎と治療技法」、『現代のエスプリ』二〇〇：七三－七八、至文堂。
(93) 山中康裕（一九八五）「老人の内的世界」、馬場謙一ら編『老いと死の深層』有斐閣。
(94) 山中康裕（一九八五）「自殺と心と魂」、河野友信ら編『生と死の医療』朝倉書店［前掲『山中康裕著作集4　たましいの深み』所収］
(95) 山中康裕（一九九〇）「芸術・表現療法」、上里一郎ほか編『臨床心理学大系8　心理療法（2）』金子書房、一一一。
(96) 山中康裕（一九九〇）「絵画療法とイメージ――ＭＳＳＭ＋Ｃの紹介をかねて」、『現代のエスプリ』二七五：一一二、至文堂。
(97) 山中康裕（一九九〇）「マンダラ表現と心」、『現代のエスプリ』二七六（徳田良仁編『芸術と表現病理』）：九七－一一〇、至文堂。
(98) Yamanaka, Y. (1991) Von der “Aggressiv–Regression” zur “Selbstfindung”, Dota der Hundebeisser, 8 Jahre alt, *Archives of Sandplay Therapy*, 4 (2): 75–92.
(99) 山中康裕（一九九一）『老いのソウロロギー（魂学）』有斐閣：（一九九八）ちくま学芸文庫。
(100) 山中康裕（一九九二）「風景構成法・枠付け法・スクリブル・スクイッグル・ＭＳＳＭ法」、村瀬孝雄ほか編『臨床心理学大系6　人格の理解（2）』金子書房、一五八。
(101) 山中康裕（一九九三）「精神科医の立場から望まれる臨床心理士」、『精神療法』一九（五）：四一七－四二一。

(102) Yamanaka, Y., Abe, I. and Kubo, M. (1993) On the Preadolescent crisis from the view point of sandplay therapy, *Archives of Sandplay Therapy*, 6 (2): 69–76.
(103) 山中康裕「縁起律 (Synchronizität) に関わること」、山王研究所主催セミナーにおける講演、上智大学、三号館一二三教室、一九九三・一一・六。
(104) 山中康裕 (一九九七)「心の内にある悪 ── どう表現し、発散させるか、神戸小学生殺害事件」、『児童心理、別冊』六八七:一一。
(105) 山中康裕 (一九九八)「ゆらぐ少年たちの深層心理 ── 不登校児からみた少年殺人事件」、『中央公論』七月号、一一三 (八):二〇八-二二二、中央公論社。
(106) 山中康裕 (一九九八)「「登校拒否」および「いじめ」と文化変容」、松下正明総編集『多文化間精神医学』(臨床精神医学講座23)、二一一-二二〇、中山書店。
(107) 山中康裕 (一九九九)「不登校の内閉論と両親像」、『京都大学大学院教育学研究科附属臨床教育実践研究センター紀要』二:二九-四二。
(108) 山中康裕 (一九九九)「遊戯療法の根本問題」、『現代のエスプリ』三八九 (弘中正美編『遊戯療法』):一八三-一九五。
(109) 山中康裕 (二〇〇〇)「巻頭言」、『精神医学』四二 (一一):一一三〇。
(110) 山中康裕 (二〇〇〇)「最近の少年事件に対して、専門家としてどう考えるか」、『精神療法』二六 (四):三七六-三七九。
(111) 山中康裕 (二〇〇一)「たましいの視点」、岸本寛史編『山中康裕著作集2』、一一四-一一七。
(112) 山中康裕 (二〇〇二)「高齢者臨床におけるコア」『臨床心理学』二 (四):四四一-四四六。
(113) 山中康裕 (二〇〇三)「ユング理論からみたマンダラ」、『プシケー』二二号、新曜社。
(114) 山中康裕 (二〇〇四)「自殺者との遭遇」、『臨床心理学』四 (三):三八一-三八七。
(115) 山中康裕 (二〇〇四)「再び、最近の少年少女事件に関しての若干の意見」、『精神療法』三〇 (五):五四五-五四八。
(116) 横山貞子 (一九八九)『老い、時のかさなり』晶文社。

初出一覧

第1章　氏原寛・田嶋誠一編『臨床心理行為』創元社、二〇〇三に、加筆訂正。
第2章　なだいなだ編『こころの定点観測』岩波新書、二〇〇一に、加筆訂正。
第3章　河合隼雄編『心理療法とイニシエーション』(講座心理療法1)、岩波書店、二〇〇〇中の、山中論文から前章との重複部分を削除し、加筆訂正。
第4章　『京都大学大学院教育学研究科附属臨床教育実践研究センター紀要』二、二九－四二、一九九九、に加筆訂正。
第5章　『児童心理』臨時増刊、三－一一、一九九六に、加筆訂正。
第6章　書き下ろし。
第7章　書き下ろし。
第8章　第一節　岡田康伸編『箱庭療法の現代的意義』(現代のエスプリ別冊、箱庭療法シリーズI)、至文堂、二〇〇二に、加筆訂正。
第二節　筆者が韓国のソウル女子大においておこなった集中講義（二〇〇四）の際に話したものを元にして出た韓国語の箱庭療法研究書（山中康裕著、金有淑序『모래놀이치료의본질』학지사社刊、ソウル、二〇〇五、三、五）に寄せたもの。
第9章　書き下ろし。
第10章　徳田良仁他編『芸術療法1、理論編』岩崎学術出版社、一九九八、に大幅に加筆。
第11章　『名古屋造形芸術大学紀要』一〇、一四九－一六〇、二〇〇四に加筆訂正。
第12章　山中康裕・岡田康伸編『身体像とこころの癒し』(三好暁光教授退官記念論文集）岩崎学術出版社、一九九四中の山中論文に加筆訂正。

第13章　書き下ろし。

第14章　『シネマのなかの臨床心理学』有斐閣、一九九九に加筆訂正。

第15章　小林司編『カウンセリング辞典（新版）』新曜社、二〇〇四に加筆訂正。

あとがき

本書、『心理臨床学のコア』は、序にも記したとおり、二〇〇三年度京都大学全学開講科目として筆者が講じた「心理臨床学概論」を骨子としている。が、若干、アップ・トゥ・デイトなものを加え適宜取捨選択したつもりである。「コア」という名は聞き馴れないな、と言われる方には、本文をとくとお読みいただければと思う。実は、ラテン語で心臓を意味することばから来たものだが、医学のキュア、看護学のケアに対して、心理臨床学のコアを対置させたもので、筆者のオリジナルな発想であることに注目してほしい。

さて、コアというからには、本学問領域の中核たる「心理療法論」や、「アセスメント論」あるいは、今流行の、「関係性論」などが当然くるべきであろう、という向きも無論おありと思うが、筆者独自のコアたる、「内閉論」や「縁起律」など、本流からはちょっと外れた辺りを逍遥するので、本来なら、「心理臨床学周辺」なり、「心理臨床学逍遥」なりとするべきところかもしれないが、しかつめらしい学問的名称を少しく避けて、ちょっと遠慮し、当初、「心理臨床学外論」での計画だったが、やはり、これも少し変なので、私なりに熟考してつけた名なのである。

さいわい、本学医学部出身の心療内科医岸本寛史君の編集になる『山中康裕著作集』（岩崎学術出版社）全六巻が、ちょうど、二〇〇四年四月に刊行を終わったところなので、初期のものからつい最近のものに至る、筆者の全貌が一望にできる状況が立ち至った。本書は、それとは最大限重複しないかたちで編集してみたが、「縁起律」論文だけは、重ならざるを得なかった。それは、講義のときの三大骨子の一角だったからであり、これを除くと、私の講義の自己同一性に抵触すると思われたからであった。

本書の圧巻は、不登校の内閉論や、箱庭療法や、老いの章などではなかろうか。それは、事例にふんだんに登場してもらって、私の真骨頂たる、「いきいきと活写する」描写もさることながら、彼らの生きざまの素晴らしさこそ、真に伝えたい部分だからでもある。

小生にとっては、四半世紀にわたる京大教員生活の総決算として、本書を京都大学学術出版会から出すことが出来て、本当に感慨無量である。京都大学も二〇〇四年から独立法人化がなり、今や新しい大学の在り方を否応無く追求していくべき岐路に立っているが、毎年本学の門を潜って来る新しい息吹とともに、この学舎に生きた先人の足跡をきちんと見据えて、世界や宇宙に目を向けて飛躍する、きっちりとした学問の基盤を培ってほしいとのみ願うものである。本稿は、もともと本叢書の巻頭を飾るべく二〇〇四年五月の時点ですでに書きあげていたが、京大退職後四月より新たにはじめたカワンセラー（河川の生態系保全と汚染防止、子どもたちと河川・樹木を中心とする自然との接触の回復のため）の活動にかまけて、大幅に校正が遅れてしまったことを断っておきたい。最後になったが、まず最初に本稿に目を通し、こまかい部分にまで目を届かせて、いろいろアドヴァイスをいただいた出版会編集部の鈴木哲也さんと高垣重和さん、学術選書を世にだすのにご尽力いただいた同出版会前理事長の坂上孝先生、現理事長の本山美彦先生と、同専務の小野利家さんに感謝を申し述べて筆をおきたい。

平成一八（二〇〇六）年二月一五日

宇治の草庵にて著者識

人名索引

索　　引（事項索引／人名索引）

事項索引

山中　康裕（やまなか　やすひろ）

京都ヘルメス研究所所長．京都大学名誉教授．医学博士．
名古屋市立大学医学部医学科卒業．同大学院医学研究科博士課程修了．名古屋市立大学医学部助手，同講師，南山大学文学部助教授，京都大学教育学部助教授，同教授，同大学院教育学研究科教授を経て現職．

【主な著書】

『少年期の心』（中公新書，1978年），『臨床ユング心理学入門』（PHP新書，1996年），『絵本と童話のユング心理学』（ちくま学芸文庫，1997年），『老いの魂学』（ちくま学芸文庫，1998年），『こころと精神のはざまで』（金剛出版，2005年）など多数．ほかに『山中康裕著作集』全6巻（岩崎学術出版社，2001～2004年）．

心の宇宙③
心理臨床学のコア　　学術選書 013

2006 年 7 月 15 日　初版発行

著　　者…………山中　康裕
発 行 人…………本山　美彦
発 行 所…………京都大学学術出版会
京都市左京区吉田河原町 15-9
京大会館内（〒 606-8305）
電話（075）761-6182
FAX（075）761-6190
振替 01000-8-64677
HomePage http://www.kyoto-up.or.jp
印刷・製本…………㈱クイックス東京
装　　幀…………鷺草デザイン事務所

ISBN　4-87698-813-7
定価はカバーに表示してあります